伟 大 的 思 想

GREAT IDEAS

01

人类幸福
HUMAN HAPPINESS

〔法〕帕斯卡尔　著

摆贵勤　译

商务印书馆
The Commercial Press

HUMAN HAPPINESS
by Blaise Pascal
Selection copyright © Penguin Books Ltd
Cover artwork © David Pearson
Simplified Chinese edition copyright © 2023 by The Commercial
Press in association with Penguin Random House North Asia.
All rights reserved.

 "企鹅"及相关标识是企鹅兰登已经注册或尚未注册
的商标。未经允许，不得擅用。
封底凡无企鹅防伪标识者均属未经授权之非法版本。

涵芬楼文化 出品

⇥ 译者序

人类必然疯狂，不疯狂就是对疯狂的疯狂扭曲。

——帕斯卡尔

《人类幸福》的作者是法国哲学家、数学家帕斯卡尔（Pasal，1623—1662年），17世纪的博学家之一，也是当时天主教信仰的主要辩护者之一。帕斯卡尔十六岁时发现了著名的帕斯卡六边形定理，十七岁写成《圆锥曲线论》，此后，制作了世界上第一台数字计算器，以积分学的原理解决了摆线问题，对赌金分配问题的灼见则影响了早期概率论的发展，此外，还制作了水银气压计，后人为纪念他在真空问题研究上取得的成就，以他的名字为压强单位命名。帕斯卡尔于1655年隐居修道院,三十九岁去世时留下了未完成的经典著作《思想录》。

阅读、理解一个在距离我们出生360年前就已逝世的哲学家的思想,会给人带来十分神奇的感觉。帕斯卡尔把自己的哲学观融入生活,透过帕斯卡尔式的沉思去体验宗教神学与理性主义的在场,或者是缺失,都是令人兴奋的。在一千多个思想和观点的片段中,有些逻辑连贯,有些则是警句或神秘箴言,长期以来,学者们一直对片段的顺序问题争论不休。

本书节选自哲理散文集《思想录》,沿用了备受推崇的A. J. 克莱尔谢梅尔(A. J. Krailsheimer)[1]翻译数字体系,择取可用片段总数的大约五分之一,按顺序排列,以序号21开始,以序号940结束,由密集围绕谜题、难题和人对处境状况的向往等主题松散地构成词条。帕斯卡尔努力解释人类的伟大和悲惨的双重处境,旨在帮助人们意识到他们需要一位神圣的救世主来分享人性,却拒绝原罪,如"上帝希望为自己创造一个圣洁的民族,他将他们与其他民

---

1. 牛津大学法语教授,于1966年最早英译了帕斯卡尔的《思想录》。

族隔绝,将他们从敌人手中拯救,带到安息之地"。帕斯卡尔不仅沉思死亡,还为犯错的凡人指明可能的救赎之路,如"在徒劳无益地追求真善的过程中,感到疲乏和困乏是好的,一个人因此可以向救世主伸出双臂"。《人类幸福》没有序言,然而,许多片段的永恒价值和宝石般的品质在某种程度上克服了序言的缺失,如"人类对小事的敏感和对大事的麻木标志着奇怪的无序状态"。

  箴言的作用很有限,但最珍贵也最深邃的恰恰是它的有限性。这种有限性并非静止在某个国度、某个民族文学、某个领域里,而是充满了际遇性,它渴望呈现在不同的场域、陌生的精神中。遍布书中的"人",对人性、人的动物性、人的社会性、人的自然性、自然的"属人性"、人神关系的深入思考,是经验被拆解、人性被祛魅和复魅之后,驱以浅直名称达以犀利、丰厚的美学意象。具体到散文和箴言,叙述张力生成的意象化身为不同的"主体",试图阶段性地回答身份、认同等灵魂拷问,仿佛是在更加努力地讽刺和思考不幸,如能赢得战斗、麻痹我们的思想、吞噬我们的肉体的苍蝇;与跛脚的人相比,更令人愤怒的傻子;当诉诸服饰的身份建构功能的想象力，才会使人产生认可其身份和能力的想法的律师、议长、法官、医生；坐稳了被奴役身份的卡尔特修士和想摆脱奴隶身份而不得的士兵；为身体（整体）而存在、为身体（整体）而灭亡的脚（部分）；向野兽低头，甚至崇拜野兽的人类；自然界最脆弱却能思想的芦苇——因思想而伟大的人；每晚做十二小时国王梦的工匠和每晚做十二小时工匠梦的国王；借身体生病隐喻的病态灵魂……在此基础上，特定的主体（苍蝇、芦苇、脚等）既统摄了"人的故事"，又将故事消解为"人"。那么，"人"究竟是怎样的人？是理性战胜想象力的人？还是理性与想象力结盟的人？想象力征服理性的内在矛盾，并久居上风的情形倒很常见。"人"是有思想的人？人全部的尊严就在于思想，书中写道："一个想法逃脱了：我本试图把它记录下来，可我写下的却是它逃走了。""人"是思想与物质相结合的人？可是人又最不了解作为心灵依附于身体的人。

作为哲理写作的结晶，《人类幸福》不仅集中体现了上述风格，收录的散文和箴言互文见义、哲理拼贴，还展现出帕斯卡尔以一种积极乐观的人生态度审视人类是否能在生活中找到真正的快乐和满足，抑或对上帝的信仰至多是一场明智的赌博。"什么是幸福？""是什么在妨碍人类感受幸福？"的时代之问在《人类幸福》中声情并茂，帕斯卡尔对人性的洞穿似乎是永恒的，身处17世纪的他预言21世纪的今天，人性没有也不会发生任何变化，很多都没有变化。现代人类着迷于"受分心驱动"，自己在这里，却从现在的世界中分离出来，帕斯卡尔关于"无聊"和"受分心驱动的人类"的洞见仿佛是为我们这个时代而作。

帕斯卡尔执着于把人类幸福与基督教的宗教信仰联系起来。在讨论无神论者的"可怜"状态时，偏见挤了进来，帕斯卡尔认为是基于假设的偏见导致了谬误，致使那些人不信仰基督教。他巧妙地设计了一条极具说服力的逻辑路径，试图说服世人相信皈依基督绝无害处，并用了很大的篇幅和笔墨解释说明自己虽无法用科学来证明这一论点，但可以通过逻辑论证来解决这个问题。

灵魂不朽是帕斯卡尔自我折磨式思虑的主题之一。他认为人的一举一动要么在通向永恒（基督）救赎的途中，要么在通往永恒（人性堕落）诅咒的路上，那些生活在焦虑中的人就是遭到了长久的诅咒。帕斯卡尔同情那些对这个问题本身关心很少或根本就无动于衷的人，对他们把自己、把永恒、把一切置于危险之境却满不在乎的态度感到愤怒和震惊。这就是人类所有的欢娱都只是虚空的原因，苦难无穷无尽，死亡无时无刻不在威胁着我们，随之而来的是彻底的毁灭或永远的不幸。可悲的永恒。孤独的帕斯卡尔道出了我们是什么，以及我们要承受什么真相，永恒的灵魂仍是我们生活中最重要的事。

为什么要读帕斯卡尔？因为他引发了一场大讨论，而我们每个人都需要以这样或那样的方式参与其中。为什么要读《人类幸福》？因为它融对人类生活的敏锐观察、微妙推理、精确表达和狂热想象力于一体，成为有洞察力的头脑可以一次又一次地返回以获得洞察力和灵感的泉源。这就是《人类幸福》历久弥新的迷人力量。

摆贵勤

本书编号沿用了企鹅经典系列
(*Penguin Classics*)使用的编号系统。

21 年幼时，我们不能做出恰当的判断，年迈时同样如此。

对事物思考得太少或太多都使我们固执和狂热。

如果完成一件事之后立即思考，我们往往仍沉浸其中；如果搁置太久再去思考，就会发现难以投入。

远观抑或近赏画作，也是同样的道理，都仅有一个不可分割的点是最佳视角。

绘画领域的透视法决定这个点的位置，其他视角或太近，或太远，或太高，或太低。可是，真理和道德的这个点如何判定呢？

22 苍蝇是如此强大，它们能赢得战斗，麻痹我们的思想，吞噬我们的肉体。

23 *科学之无用*。痛苦时，物理学并不能弥补对道德的无知；道德知识却总能填补物理学知识的空白。

24   **人的处境状况。**反复无常，无聊，不安。

25   国王常与开路的卫队、鼓乐以及簇拥他们的官员们同时出现，这些仪式营造出来的氛围令其臣民心生敬畏。因为我们在思想上视国王及其随从们为一个整体，无法分开，因此，即便国王们独自出行，没有一众人前呼后拥，臣民们对他们仍心生敬畏。世人不知道这是习惯使然的结果，他们认为这样的威严与生俱来，于是才有了这样的说法："他（国王）的举手投足间充满了神性。"

26   王者的权力建立在人民的理性和愚蠢之上，尤其是后者。世上最伟大、最重要的事物建立在愚蠢之上。这一点千真万确，因为没有什么比人会犯蠢更确定的了。任何建立在理性之上的都是不可靠的，比如尊重智慧。

30   我们不会选择船上血统最高贵的人当船长。

31   匆匆过客不会在乎自己在途经的镇子里的名声好坏。但如果必须在镇上停留一段时间，就要关心这件事了。需要多少时间呢？与我们虚荣而微不足道的一生成正比。

33   最令我惊讶的是，人们对自己的缺点习以为常。我们谨言慎行，都听从它的召唤，并非因为这样做顺应潮流，真的是一件好事，而是似乎人人都清楚地知道理性和正义所居何处。我们一次次失望，令我们自责的是荒谬的谦卑而非自我吹嘘的技能。对于怀疑论而言，向非怀疑论者表明人类能表达多元观点是件好事。因为人类有能力相信，缺点不是与生俱来无法避免的，恰恰相反，人类天生睿智。

36 爱慕虚荣的人看不见世间浮华。除了沉溺于喧嚣、享乐和对未来的思索的年轻人，谁看不见呢？

　　但是如果没有娱乐消遣，你会发现年轻人会闷得要死。之后，他们感到空虚却不自知，没有什么比一个人因深陷内省无法自拔而极度沮丧更可悲的了。

42 有那么多王国居然对我们一无所知！

43 一件小事使我们得到安慰，因为一件小事使我们不安。

44 **想象**。它是人类最具欺骗性的能力，是谬误与虚妄的主人，因为它并非总是欺骗人，因此更具欺骗性。如果它是对谬误无懈可击的尺度，那么它也是对真理无懈可击的尺度。但由于它通常都是虚妄的,因此看不出任何可以显示其本性的迹象,它对真和假设置了相同的标记。

我说的不是傻瓜,而是最睿智之人。想象力在最聪明的人身上,才能发挥其说服作用。尽管理性会反对,但可能是徒劳的,并不能确立事物的价值。

这种傲慢的力量,制衡和支配了它的大敌——理性。为了炫耀无所不能的力量,它已经在人类身上建立了第二天性。它给人类带来幸福或不幸,健康或疾病,富有或贫穷;它使人类相信、怀疑或否认理性;它使感官灵敏或麻木;它有它的愚蠢和神圣,而最让人恼火的,莫过于它比理性更充分、更彻底地使人类心满意足。具有优秀想象力的人比谨慎的人对自己更满意。他们睥睨人世,气度不凡;他们在辩论中大胆而自信,其他人则胆怯和犹疑;他们愉悦的情绪往往赢得听众的好评,因为那些想象中的智者会受到性情相投评判者的青睐。想象力不能使傻瓜变得聪明,但会使他们快乐;而理性却相反,只会使它的朋友们悲伤：想象力给人荣耀，理性使人蒙受耻辱。

如果不是想象力，还有谁能分配名誉？又是谁将尊重和敬仰赋予人、作品、法律和伟大的事物？没有它的认可，世间的一切财富仍显不足。你能说这位因耄耋高龄受人尊敬的长官，不是受纯粹、崇高的理性支配吗？你能说他不是根据事物的性质判断其本来面貌，并未理会那些只会伤害弱势群体想象力的琐细吗？你看他满怀虔诚的热情，带着堪称典范的敬意去闻道。仁爱坚定了他的理智。当牧师出现，假设他天生有一副嘶哑的喉咙和一张奇怪的面容，理发师剃得很糟糕，碰巧穿着也不是很整洁，那么，无论他宣讲多么伟大的真理，我敢打赌我们的这位长官看到牧师以这样的模样出现，绝不会忍住不笑。

世界上最伟大的哲学家站在一块比立足所需更宽的木板上，如果下面是悬崖，尽管理智会说服他自己是安全的，但他的想象力会占上风。许多人一想到这件事就会脸色苍白，汗出如浆。

我不打算逐一列出想象力的作用。人人

都知道，看到猫或老鼠或碾碎一块煤等，就足以使人失去理智。说话的语调会影响最聪明的人，可以改变演讲或诗歌的感染力。

爱恨会改变正义的面貌。预先获得丰厚报酬的律师会发现他为之努力的辩护事业更加公正。他无畏的姿态为他在被假象欺骗的法官们心中赢得了优势。理性何其荒唐，任何方向吹来的风都会改变它的方向！我应该列出人类几乎所有的行为，除非受到想象力的攻击，否则人类很少行动。因为理性不得不做出让步，最明智的做法是采纳人类想象力处处轻率引入的那些原则。任何选择仅遵循理性的人都会证明自己是个傻瓜。既然理性如此令人愉悦，我们必须整日为想象的利益而辛劳。当睡眠使我们从理性的疲劳中恢复精神之后，我们必须立即跳起来去追求幻象，并忍受这位统治者创造的假象。这就是我们遵循的一个错误原则，但这并非唯一的一个。

尽管想象力在和平时享有普遍优势，人类促成这两种力量的结盟仍然非常正确，因为在冲突中能够更加充分地发挥它的优势。理性永远无法完全战胜想象,而相反的情况却很常见。

我们的地方法官对此奥秘了如指掌。他们的红色长袍、把自己裹得像毛茸茸的猫一样的貂皮大氅、法庭审判台和有百合花图案的旗帜,这威严的全套甲胄是非常必要的。假如医生没有外套和骡子,假如博学的博士没有方帽和四倍肥大的长袍,他们就永远也无法愚弄世人,而世人无法抵抗如此权威的炫示。如果他们真能主持公道,如果医生真有医术,他们就不需要戴方帽子,科学的威严本就值得尊敬。但是,由于只拥有想象中的科学知识,他们只能诉诸这些虚荣的道具激发别人的想象力,这才是他们真正关心的问题。事实上,他们也正是通过这种方式赢得尊重的。

唯有战士不用这种方式伪装自己,因为军人角色是最本真的;他们凭借武力证实自己,而其他人则靠装模作样。

这就是我们的国王们没有试图伪装自己的原因。他们并没有着出众的衣饰彰显身份,但他们由卫兵和久经沙场的老兵们前呼后拥。仅凭自己的双手和力量的武装部队、行进在部队前方的鼓声号角，以及簇拥国王们的士兵，这一切足以使最勇敢的人瑟瑟发抖。他们无须粉饰，只靠武力。必须是异常清醒和理性的人，才能把那住在华丽宫廷中、被四万禁卫军保卫的土耳其皇帝也看成是凡人。

我们只有见到身穿律师礼服、头戴方帽的律师，才会产生认可其能力的想法。

想象力决定一切：它创造美丽、正义和幸福，是这个世界上至善的事。我衷心地向往阅读一部意大利的作品，我只知道它的名字，但仅凭这个书名就抵得过许多著作了：《论意见，世上的女王》。我虽未读过这本书，却支持书中的观点，除却它的缺点之外——如果它有缺点的话。

这主要是想象力的欺骗性发挥作用的结果，显然是为了确保我们犯错而赋予我们的能力。我们还遵循了许多其他的错误原则。

误导我们的并非只有旧有印象；新奇充满魅力，同样能误导我们。因此，人与人之间的一切争论，或因循童年的错误印象而相互指责，或因轻率地追求新奇印象。如果有人找到了中庸之道，请他现身证明它吧。任何原则，无论它多么自然，即使是在儿童时期灌输的，也可能被视为一种对教育或对感官的错误印象。

他们说："因为你从小就相信，当你看不到盒子里面有任何东西时，盒子就是空的，因此你相信真空可能存在。这只是你的感官被习惯强化后的错觉，必须由科学来纠正。"其他人说："上学后，当老师告诉你没有真空这种东西时，你的常识被打破；在错误的认知给你留下印象之前，你对真空存在与否已经有了十分清晰的认识，可现在却必须通过恢复到你最初的状态来纠正它。"那么谁是骗子，是感官还是教育？

我们还有一个疾病方面的错误原则会使我们的判断力和感官受损。如果重疾会对判断力和感官造成严重的损害，我毫不怀疑轻症疾病也会带来相应程度的影响。

个人利益是另一个奇妙的工具，蒙蔽我们的双眼却令人愉悦。即使是世界上最公正的人也不能担任自己案件的法官。我知道有些人为了避免偏袒自己的危险而倾向于走向不公正的对立面的极端。要使一个完全公正的案件败诉，最可靠的办法就是让近亲把案件推荐给他们。正义和真理是极其精微的两个点，我们的工具过于粗糙，无法精准地触及它们。如果他们真的做到了，也只会直言不讳，奋力强调谬误而非真理。

人类的构造如此幸运，他没有确切的真理原则，却有几个极好的谬误原则。现在，让我们看看有多少。

但他的错误最荒谬的原因是感官与理性之战。

46 **虚荣**：在爱的因和果中得到诠释。就像克利奥帕特拉的例子一样。

47 我们从未把握住现在。我们回忆过去，仿佛是要阻止它飞速地流逝；我们期待未来，仿佛未来来得太慢，要试图让它快点到来。我们真是愚蠢，总是在不属于我们的时间里徘徊，却忘记了唯一属于我们的现在；我们如此虚妄，总是梦想着已经消逝的时间，却盲目地忽略唯一存在的现在。这是因为，现在常常刺痛我们。选择对它视而不见只因它让我们感到痛苦，如果它给我们带来快乐，我们又只能遗憾它走得太快。我们努力用未来关照现在，思考如何将现在无法掌控的事安排到未来的日程中。我们永远无法确定未来是否会来。

　　如果每个人都审视自己的思想，就会发现大家只关心过去和未来，极少想到现在。即便想到了，也是为了借助现在照亮未来。现在从来都不是终点，过去和现在都是通往未来的手段，唯有未来才是我们的目的。我们从未真正活着，而是对活着充满希望。因为我们一直在准备着能够幸福，也就注定我们永远不会幸福。

49　我以为恺撒年纪太大了，是不会以征服世界为乐的。这种乐趣对于奥古斯都或者对于亚历山大才是合适的，他们当时都还年轻，因而难以被制止；恺撒则应该更成熟。

53　人类竟可恨到向野兽低头，甚至崇拜它们。

54　**变化无常**。事物的特性迥然相异，灵魂的倾向各不相同。任何呈现给灵魂的事物都不是单纯的，灵魂也不会轻易将自己置于任何事物面前。这就是同样的事会让我们又哭又笑的原因。

55 **变化无常。**我们认为触及人就像弹奏一架普通的风琴。人的确像一架风琴，但又是一架奇特的、声音变化多端的风琴，那些只知如何弹奏普通风琴的人永远无法调准这架风琴的音律。你必须知道调准音律的关键所在。

56 我们十分不幸，因为只有在看到某事难以处理而感到恼火时，才能得到快乐。成千上万的事都是如此，而且的确不断发生。任何人如果找到在事情进展顺利时欢喜却不在糟糕时烦恼的秘诀，一定是发现了真谛所在。这是一项永恒的运动。

57 自由过了火，反而不好。

一切需求都得到满足，也并非好事。

58 暴政在于对统治一切的渴望，即使造成混乱也在所不惜。

拥有强力、美丽、理智和虔诚的人们各有其统辖领域，作为本领域的佼佼者，他们互不越界。有时他们相遇，强壮之人和帅气之人会为双方谁应该主宰另一方发生争执，这种做法是愚蠢的，因为他们仅在各自领域熠熠生辉。他们互不了解，却都犯了企图统治一切的错误。即使强力本身也无法做到这一点：它只负责支配外部行动，因而在饱学之士眼中几无影响力。——所以这些论点是错误的……

暴政就是以某种方式得到只有以另一种方式才能得到的东西。我们对不同的美德给予不同的奖赏；我们要爱慕魅力，要敬畏力量，要相信知识。

这些奖赏必须兑现。拒绝这些奖赏是不对的，但要求其他奖赏也是不对的。因此，下面这些论点是错误的、专横的："我很帅，所以你必须怕我。我很坚强，所以你必须爱我，我……"同样，说"他不够强壮，所以我不会尊重他；他不够聪明，所以我不会惧怕他"也是错误的、专横的。

65 **多样性**。神学是一门科学，但同时它又集多学科知识为一体。一个人是一种物质，但如果你解剖他，他是什么？头、心脏、胃、血管、每一根血管、每一根血管的每一段、血液、血液中的每一滴?

远处的城镇或风景,既是城镇,又是风景;走近时,它就变成了房屋、树木、瓦片、树叶、小草、蚂蚁、蚂蚁的腿等等。所有这些构成了"风景"这个词的含义。

68 当我想把短暂的生命融入永恒的前世和来生时——作为对只停留一天的客人的纪念——我看到我占据的狭小空间被无限广阔的空间吞没,我对此一无所知,它对我也一无所知,我既害怕又惊讶地看到自己在这里而不是那里:我没有理由在这里而不是在那里,现在而非彼时。是谁把我留在了这里?是谁执行了谁的命令让我出现在此时此地?

69 **苦难**。约伯和所罗门。

70 假如生活真的很幸福,我们就不会为了寻找幸福转而思考不幸了。

71 **矛盾**。骄傲可以抵消所有这些痛苦;人类要么隐藏痛苦,要么表现痛苦,并以意识到它们而自豪。

72 人必须自知。即使这对寻找真理没有什么帮助,但至少可以作为人的生活法则,没有什么比它更合适的了。

73 人之所以变化无常，是因为意识到眼前的快乐是虚假的，却没有意识到那些得不到的快乐是虚妄的。

77 **虚荣。**好奇心只不过是虚荣心。我们通常想了解某些事，只是为了便于谈论。换句话说，假如海上之旅永远不会被谈及，或者纯粹是为了看到我们永远不希望向别人描述的事物，我们就永远不会乘船出行。

78 **对人的描述：**依赖，渴望独立，需求。

79 放弃我们的执着追求多么令人讨厌。一个拥有幸福家庭生活的男人只要被别的女人吸引，或者在赌博中愉快地度过五六天，他就会很不情愿回到以前的生活中。这样的事每天都在发生。

80 尊敬就是说：麻烦您。这看起来是虚饰，其实很有道理。因为这就是说：假如您需要我这么做，我愿意竭尽全力帮助您，因为当您做不到的时候，我会这样做。此外，尊敬还有区别伟人的作用。如果尊敬是通过坐在扶椅上实现的，那我们应该向所有人表示尊敬，也就没办法对伟人加以区分了。但是，我们说竭尽全力时，彼此之间便泾渭分明了。

81 唯一普遍的法则，就是用以处理日常事务的国家法律，以及在其他事务中的少数服从多数原则。规则如何形成的呢？是因为其中隐含的强权。

可见，国王享有特权，可以不必听取大多数王公大臣的意见。

财富均等无疑是正确的，但是，由于人们无法使强权服从公理，公理只得屈服于强权。既然公理得不到捍卫，他们就有理由使用武力，公理和强权共存，和平主宰一切，是至高无上的利益所在。

82 智慧带我们回到童年。**若非如此，除非你们变成了小孩子。**

83 世界善于判断事物，因为人类真正属于的是自然无知的状态。知识有两个极端：一端是每个人在出生时纯粹的无知；另一端是伟大的思想贯穿整个人类知识范围，却发现他们一无所知，回到了无知的原点，但他们明白这是一种明智的无知。那些处于两端之间的人已经把他们天生的无知抛在身后,却还没有达到另一端的无知;他们只具备一知半解的知识,却假装什么都懂。他们扰乱了世界,把每件事都搞砸了。

普通人和聪明人共同主宰世界。普通人藐视世界,反过来又被藐视。人类的所有判断都是错误的,而世界对人类的判断是正确的。

84 **笛卡尔**。一般而言,人们必须这样说:"这是图形和运动的结果",因为它是真实的,但是命名它们并组装机器是非常荒谬的。这是毫无意义的、不确定的,也是艰巨的。即使这是真的,我们仍然认为整个哲学不值得一个小时的付出。

86 **真正的正义**。我们没有真正的正义,假如有,我们就不会把一个国家的习俗作为正义予以接受。

正是由于找不到真正的正义,我们才找到了强权。

87 议长表情严肃、衣着华丽,只因他的职务是虚妄的。国王则不同,他拥有权力,不需要想象力。法官、医生等,都只能诉诸想象。

88 这是强权而非习俗的效果,因为有创新能力的人太少了。更多的人只愿意趋从,拒绝承认那些凭借其原创追求荣耀的人。如果他们执意要得到认可并鄙视那些缺乏创造力的人,就会被冠以种种揶揄的称呼,甚至受棍棒之苦。因此,不要自诩精明,也不要得意自鸣。

94 **人民的意见是合理的。**内战是最大的罪恶。

　　如果人们想奖励功绩,它一定会到来,因为每个人都会声称自己最有德行。如果傻瓜一出生就得到王位继承权,那么令人担心的邪恶既不是那么大,也不是那么肯定。

95 **人民的意见是合理的。**精心装扮并非虚荣之举,它还表明很多人在为一个人服务。通过一个人的头发可以看出他有没有仆人、有没有调香师等,还可以看一个人的发带、针脚、服饰等。拥有许多仆人并非仅仅是肤浅的虚饰或装配。

　　人手越多,权势越大。精心装扮就是在彰显权力。

98 一个跛脚的人并不会让我们生气,而一个傻子却会,为什么呢?因为一个跛脚的人承认我们能挺直身体行走，而一个傻子却说只有我们这些人才是傻子。但为此，我们应该感到惋惜而不是愤怒。

爱比克泰德[1]进一步追问：为什么如果有人说我们头痛，我们不会发脾气，而如果有人说我们的论点或我们的选择错了，我们反而十分生气？

99 原因在于，我们非常清楚自己没有头痛，也不是跛脚，却不太确定自己是不是做出了正确的选择。因此，由于唯一能让我们确信的是我们所掌握的证据，当别人掌握的证据使他看到相反的情况时，我们会举棋不定并感到震惊。当成千上万的人嘲笑我们的选择时，更是如此，即使有许多人的选择与我们的不同，我们仍不得不更倾向于自己的判断，这是一件大胆而艰难的事。对于一个跛脚的人，永远不会有这样

---

1. 爱比克泰德（Epictetus，约公元55—约135年），对斯多葛派学说的发展和突破做出了极其重要的贡献，是继苏格拉底后对西方伦理道德学说的发展，做出最大贡献的哲学家，是真正集希腊哲学思想之大成者。他把注意力集中在对具体的生活伦理学的思考上，主张遵从自然过一种自制的生活，他的思想对后来的哲学与宗教都产生过深远的影响。——译者［本书注释若无另注，均为译者注］

的矛盾。

人是被制造出来的,如果他经常被告知自己是个傻瓜,他就会相信这一点。他会一遍遍告诉自己并说服自己,因为当他独处时,会与自己的内心对话,适度的自控很重要。**邪恶的交流败坏了良好的举止**。我们必须尽可能保持沉默,只对自己谈论上帝,我们知道上帝是真实的,从而使自己相信他是真实的。

103 **正义,强权**。遵循正义是正确的,服从强权是必要的。

没有强权的正义是无用的,没有正义的强权是暴虐的。

没有强权的正义会受到挑战,因为周围总有坏人。没有正义的强权会受到谴责。因此,我们必须把正义和强权融为一体,也就是说使正义强而有力或者使强权充满正义。

正义是有争议的,强权容易被承认且无可争议。因此,正义不可能变成强权,因为强权会挑战正义的公正性,并声称自己才是公正的。

既然不能把正义变成强权,我们就把强权

变成正义。

104 出身高贵是极大的优势,因为它给了一个十八岁的人地位、认可和尊重,而其他人在五十岁可能才能得到这些。这意味着毫不费力就领先了别人三十年。

105 如果一个动物理性地做了本能的事,如果它在狩猎时理性地说出本能的话,或者警告它的同伴猎物已经丢失或找到,接下来它肯定会谈论对它影响更严重的事,比如:"咬断这条绳子;它在伤害我;我够不着它。"

106 **伟大**。因果关系显示了人类从自己的贪欲中创造出如此卓越的秩序的伟大之处。

107 鹦鹉常常擦拭它的喙,哪怕它是干净的。

108 在我们体内感受快乐的是什么?是手吗,是臂吗,是肉吗,是血吗?可以看得出,它一定是某种非物质的东西。

109 **反对怀疑主义**。奇怪的是,不把这些东西搞得模糊不清,我们就无法给它们下定义;我们不停地谈论它们。假设每个人对它们的看法都是一样的,但这是一个毫无根据的假设,因为我们没有证据。我确实看到我们在同样的场合使用了同样的词；当两个男人看到一个物体改变位置时，他们会用同样的词语表达对同一事实的看法：物体移动了。这种应用的一致性为思想的一致性提供了强有力的前提，尽管可能确实如此，但它并不能完全令人信服，因为我们知道相同的结论往往来自不同的假设。

尽管它并没有完全消除使我们确信此类问题的自然之光，至少可以说，这足以混淆问题了。柏拉图主义者本来会押注于此，但事情会因此变得乏味，教条主义者感到沮丧，而代表模棱两可、含混不清的怀疑派会感到荣耀。正如我们的疑虑无法掩盖所有的光明一样，自然之光也无法驱散一切黑暗。

110 我们通过理性和感觉了解真相。感觉教会我们基本原理，与感觉无关的理性试图反驳这些原理，却徒劳无功。这是怀疑论者的唯一目的。我们知道这不是在做梦，即使我们无法证明它的合理性，但我们的无力也只能说明理性存在缺点，而不是像他们以为的那样：所有知识的合理性都不能确定。像空间、时间、运动、数字等基本原理知识，与任何通过理性推导出来的知识一样可靠,理性不得不依赖这种发自内心和本能的知识,并在此基础上建立其所有论据。感觉有三个空间维度,有无限的数字序列;理性则继续证明,没有哪两个平方数的其中一个是另一个的两倍。原理可感知、命题可证明,尽管方法各异,但两者都是肯定的。理性在同意接受基本原理之前要求感觉证明基本原理的合理性是毫无意义和荒谬的,如同感觉在同意接受命题之前要求理性证明所有命题的直觉力一样荒谬。

我们的无力只能起到使理性卑微的作用,理性想要成为判断一切事物的标准,但并非是想驳斥我们的确定性。仿佛理性是我们学习的唯一途径!相反,上帝希望我们从不需要它,通过本能和感觉即可知道一切!大自然拒绝了我们的这份祈祷,此类知识我们懂得很少,所有其他知识只能通过理性获得。

被上帝感动而接受信仰的人是幸运的,他们对此也深信不疑。我们只能通过理性给予没有信仰的人信仰,直到上帝感动了他们,将信仰置于其心。没有发自内心的信仰仅是人性的，对救赎毫无帮助。

111 我当然可以想象一个人没有双手、双脚或头，是经验告诉我们头比脚更必不可少。但我无法想象一个人没有思想，那就成了一块石头或一头畜生了。

112 本能和理性，是两种天性的标志。

113 **能思想的芦苇。**我必须寻找自己的尊严，不是求之于空间，而是求之于我的思想秩序。土地之于我并无益处。宇宙凭空间俘获我，吞没我如一粒微尘；我凭思想俘获宇宙。

114 人之所以伟大，是因为他知道自己是不幸的：一棵树并不知道它是不幸的。

　　认识到自己的不幸是不幸的，但认识到自己的不幸也是伟大的。

115 **灵魂无形。**当哲学家们抑制了他们的激情，究竟是什么有形物质做到了这一点？

116 所有这些有关不幸的例子都证明了他的伟大。这是一个伟大君主的不幸，一个被剥夺权利的国王的不幸。

117 **人的伟大。**人的伟大是显而易见的，甚至可以从他的不幸中看出，因为认识到动物的本性即人的不幸这一点，从而发现如果一个人的本性和动物一样，那么他一定是从曾经的某种更好的状态堕落至此了。

除了经历过王位被剥夺的人，谁会认为自己登上王位会不快乐？有没有人认为保卢斯·埃米利乌斯[1]不再担任罗马执政官会不高兴？相反，人们认为他很高兴曾经有过这样的经历，因为这个官位只是暂时的。但是，人们认为珀尔修斯[2]失去了原本应永久属于他的王位会极其悲伤，于是惊讶于他为何还能继续活下去。谁会因为只有一张嘴巴而不高兴，又有谁会因为只有一只眼睛而感到高兴呢？大概从来没有人会因为没有三只眼睛而苦恼，可是痛苦的盲人，又有谁能安慰呢？

118 人的伟大甚至体现在贪欲之中。他成功地从中创造了一个卓越的体系，并绘制出仁爱的

---

1. 保卢斯·埃米利乌斯（Paulus Emilius，公元前229—前160年），罗马执政官、将军，因战胜马其顿国王珀尔修斯而闻名。
2. 珀尔修斯（Perseus，约公元前212—前166年），马其顿安提柯王朝最后一任国王。他统治了亚历山大大帝死后所产生的继业者国家马其顿。在公元前168年6月22日彼得那战役失败后，他的王系亦因之而终结，马其顿随后被罗马人统治。

图景。

119 *矛盾*。（在证明了人的卑鄙和伟大之后。）现在让人来判断自己的价值，让他爱自己吧，因为他天性善良，但不要让他因此也喜欢自己卑鄙的内心；让他瞧不起自己吧，因为这种能力还远远不够，但不要让他因此也瞧不起这种天赋的能力；让他既恨自己又爱自己吧，他拥有认识真理和获得幸福的能力，但他却没有掌握真理，无论是永恒的还是令人满意的。

因此，我希望唤起人们寻找真理的欲望，做好准备，摆脱激情，找到并追随真理，并意识到他的知识是怎样为激情所遮蔽。我希望他憎恨自己的贪欲，因为贪欲会自作主张为他做出决定。这样，欲念就无法使他做出错误的选择，也无法在他做出选择后妨碍他了。

120 我们如此狂妄，竟然希望全世界都知道我们，即使是后来者，哪怕那时我们已经不在人世；我们又是如此虚荣，哪怕给周围五六个人留下好印象就会感到欢喜和满足了。

121 向人类解释他与动物的相似之处而不指出他的伟大是危险的，过分夸大他的伟大而忽视他的卑鄙也是危险的。他对两者都一无所知更危险，而最有价值的是把这两者都告诉他。

绝不可让人相信自己等同于禽兽或等同于天使，也不可让他对这两者都忽视。他必须两个都知道。

122 **伟大与不幸**。不幸是从伟大之中推论出来的，而伟大也是从不幸之中推论出来的，因此有些人用自己的伟大作为推论人类不幸的证明，另外一些人则基于自己的不幸推论人类伟大。一方所能证明其伟大的一切，只会成为另一方得出他是不幸的结论的论据，因为我们堕落越深，我们就越不幸，反之亦然。在一个无休止的循环中，一方紧随另一方，可以肯定的是，随着人的洞察力不断增加，他发现自己的内心既有伟大之处，亦有不幸之时。一句话，人知道自己是不幸的。因此，他就是不幸的，因为他的确不幸。但是，因为人知道自己是不幸的，所以显得极其伟大。

123 **矛盾**。蔑视我们的存在，毫无意义地死去，憎恨我们的存在。

124 **矛盾**。人天生既轻信又多疑，既胆小又鲁莽。

125 我们天赋的原则如果不是习惯原则又是什么呢？对孩子们而言，天赋的原则来自对父母的模仿，就像动物猎食一样。

　　由经验可知，不同的习惯会产生不同的天赋的原则。如果有一些原则是通过习惯无法根除的，那么还有一些原则是因习惯产生的或后天形成的，无论是天性还是一种新的习惯都无法根除这些原则。这完全取决于一个人的性格。

126 父母生怕孩子们天赋的爱会消逝。那么，这种容易消逝的天性是什么呢？

　　习惯是第二天性，它摧毁了第一天性。然而，天性究竟是什么？何以习惯就不是自然的？我很担心天性不过是人的第一习惯，正如习惯成了人的第二天性。

127 人的本性可以从两个方面来考虑：一是根据他的目的来判断他的伟大和无与伦比；二是根据大众来判断人的卑鄙和邪恶，就像马和狗的本性是由我们看它们如何奔跑或躲避敌人来判断的。这两种方法都否认对方的假设，哲学家们对此持有不同的观点并发生了争论。

有人说:"人不是为此而生的,因为他所做的一切都与之不一致。"另一个人说:"他的行为如此卑劣,距离实现目标还差得很远。"

128 有两样东西教会人类全部的天性:本能和经验。

129 行业。思想。一切即一,一切即多。

人性中有多少种天性!又有多少种职业!人们通常选择偶然听到别人称赞的职业。多么对称的鞋跟!

130 如果他抬高自己,我就贬低他;如果他贬低自己,我就抬高他。继续与他保持对立,直到他明白自己是一个不可理解的怪物。

131 怀疑论者最有力的论点是除非通过某种天生的直觉,否则无法确定这些原则的真实性(信仰和启示除外),更别提次要观点了。而这种天生的直觉无法证实自身的真实性。除了信仰,人类是由善良的上帝、邪恶的恶魔还是偶然造就,无法确定。根据人类的起源,这些与生俱来的原则,其真假或不确定性,是值得怀疑的。

此外,除了信仰,没有人能确定自己究竟

是在梦中还是醒着，因为睡梦中的我们和醒着时一样坚信自己是醒着的。梦见做梦就是两个梦叠在一起，正如我们经常梦见做梦一样，我们醒着的半生不也是一个梦吗？其他的事均叠加之上。我们死后就会从中醒来吗？在它持续的过程中，我们与正常睡眠时一样，缺乏真善原则？所有这些时光和生命的流逝、我们感受到的所有不同物体，以及激发人类的不同思想，可能都只是幻象，如同时间的流逝和梦中的幻影。我们认为自己看到了空间、形状、运动，感觉到时间流逝并测量它，实际上，这些和醒着时做的都一样。结果是，生命中有一半的时光是在睡眠中度过的，无论表象如何，我们都承认自己并不了解真相，因为在睡眠中所有的直觉都只是幻觉。谁又能知道，我们认为自己醒着的这一半人生不是与前一半略有不同的另一种睡眠呢？睡眠中，我们的梦与梦叠加；当我们以为自己在睡觉时，我们醒了。如果我们和别人一起做梦，所做的梦又碰巧一致，就会以为梦是真的，这很常见；而假如我们独自醒来，就会认为梦与事实完全相反。有谁会对此怀疑呢？

双方的主要观点尚且如此，更不用说次要论点了，比如怀疑论者直接反对习惯、教育、地方风俗等影响的论点，尽管怀疑论者说服了多数的普通人，这些人信奉的教条构建于此种毫无意义的基础之上，但稍有怀疑精神便可推翻这些论点。你只要看看他们的书；如果你还没有被充分说服，也很快会的，这么说也许有些过分了。

我停留在教条主义者们唯一强有力的论点处，内容是：如果我们说话做到真诚、坦诚，就不会怀疑天赋的原则。

怀疑论者用一句话来回答，人类起源的不确定性意味着人类天性的不确定性。自世界诞生初始，教条主义者们就一直试图回答这个问题。

（任何想要获得更多关于怀疑论信息的人都应该看看他们的书，那么很快就会被说服，这么说也许有些过分了。）

这意味着人类内部的公开宣战。在这场战争中，每个人都不得不选择站在教条主义者或怀疑论者那边，因为任何一个认为自己可以保持中立的人都是一个卓越的怀疑论者，中立是这个群体的本质特征。他们的优势就体现在只要不反对他们的人就都是其坚定的支持者。他们甚至不是为了自己；他们是中立的、冷漠的，对包括自己在内的一切事物都有自己的判断力。

那么，人在这种情况下该怎么办？难道他要怀疑一切，怀疑自己是不是醒着，是被掐还是被烧？怀疑他是否在怀疑，怀疑他的存在吗？

没有人能走得那么远，我坚持认为，一个完全真实的怀疑论者从来就不存在。大自然支持无助的理性，阻止它误入歧途。

从另一方面来说，即使受到一点点压力，他也无法证明他的主张并因此被迫放弃时，他是不是要说他是某种真理的拥有者？

人类是什么样的怪物啊！多么新奇，多么可怕，多么混乱，多么矛盾，多么惊人！万物的审判者，软弱的蚯蚓，真理的宝库，怀疑与错误的集合，宇宙的荣耀与弃绝！

谁来解开这样一团乱麻？这当然超越了教条主义和怀疑主义，超越了一切人类哲学。人超越人。那么，让我们承认怀疑论者常常宣称的主张，即真理超出了我们的范围，是一个遥不可及的采石场，它不是地球上的居民，而是在天堂的家中躺在上帝的膝上，只在上帝允许的范围内为人类所知。让我们从尚未被创造的、尚未具体化的真理中学习我们的真实本性。

如果我们通过理性寻求真理，就无法避开这三个教派中的任何一个。不扼杀自然，你就无法成为一个怀疑论者或柏拉图主义者；不抛弃理性，你就无法成为一个教条主义者。

自然使怀疑论者和柏拉图主义者感到困惑，犹若理性之于教条主义者。那么，寻求通过自然理性来发现自己真实状况的人，会发生什么事呢？你既无法避开这三种宗派中的任何一个，也无法在其中任何一种宗派中生存。

那么，骄傲的人啊，你是多么自相矛盾啊！谦虚，无能的理由！沉默，软弱的天性！要知道人是无限超越人的，要从你的主人那里了解你所不知道的真实情况。

听上帝的话。

人的处境不是双重的吗？关键在于，假如人类从未堕落，就会在纯真中自信地享受真理和幸福；假如人类一直都很堕落，他就不会知道真理和幸福是什么。然而，尽管我们不快乐（如果我们的处境中没有伟大的因素，我们应该不会那么不快乐），但我们有幸福的概念，可是我们无法实现它。我们感知到了真理的样子，却只拥有虚假，同样也无法做到绝对的无知并获得确定的知识。很明显，我们曾经享受过某种程度的完美，但不幸的是，我们已经堕落了。

那么，让我们设想人的处境是双重的。让我们设想，人能无限地超越人；让我们设想，如果没有信仰的帮助，人会继续认为自己不可思议。因为他不明白，如果没有认识到人性的双重性，我们仍然会对自己一无所知？

然而，令人震惊的是，如果没有离我们所知最远的神秘，即罪恶的传播，我们竟无法了解自己。

毫无疑问，对于我们的理性来说，最令人

震惊的莫过于：因亚当犯罪，人类的后代生生世世背负着他们远不能承受的原罪之重。这种罪恶感的迁移不仅在我们看来是不可能的，而且确实是最不公正的。还有什么能比对一个没有能力表达意愿的孩子进行永恒的诅咒更违背我们可怜的正义规则呢？孩子对这件发生在距离他出生六千年前的事毫无决定权。当然，没有什么比这个教义更让我们震惊的了，然而，如果不是这个最难理解的奥秘，我们至今就仍然无法理解自己。我们处境的结在那深渊里已经扭曲了，所以要想象没有这种神秘感的人类，比人类想象自己还要困难。

这表明，上帝渴望使与我们的存在相伴相随的困难变得无法理解，他把结藏得很高，或者更准确地说，藏得很低，我们根本够不着。因此，我们只能通过理性的简单服从而不是理性的骄傲活动来真正认识自己。

这些基本事实，牢固地建立在不可侵犯的宗教权威之上，告诉我们信仰有两个同样不变的真理。其一，上帝所造或蒙受神恩之人是高于整个自然的存在，造得像上帝，且有上帝赋予的神性。其二，如果蒙受上帝恩宠的人犯罪堕落，就会变得与畜类无异。这两个命题同等坚定、同样确定。

《圣经》在某些地方公开宣称：喜悦住在世人之间——我要将我的灵浇灌凡有血气的——你们是神；然而，在其他场合又说：凡有血气的尽都如草——人类就如死亡的畜类一样——我心里说，这乃为世人的缘故。

很明显，人因蒙受恩典而与上帝相似，有了上帝赋予的神性；没有恩典，就被视为田野的兽类。

136 **消遣**。我有时候认真考虑人类的各种活动及他们在法庭上或战争中面临的危险和困境，从而引发了种种争吵和强烈的情感、大胆而往往邪恶的计划等，我发现，所有这些不幸的唯一源头是：他无法安静地待在自己的房间里。一个生活富足的人，如果懂得待在家里享受生活，就永远不会背井离乡去航海或攻城略地；要是能忍受一辈子住在城里，绝不会花那么多钱去买昂贵的军职。不喜欢待在家里是他们寻求交友和赌博消遣的唯一原因。

然而，经过进一步思考，了解了不幸的根源后，在寻找所有不幸背后的特殊原因时，我找到了一个非常有说服力的理由，即人类脆弱的生命终有一死，这是天生的不幸。当我们真正思考它时，这如此令人悲伤，以至于无可慰藉。

想象你喜欢的所有情形，把你可能会得到的所有祝福聚集起来，成为国王仍然是世界上最美好的事。然而，如果你想象一个国王享有一切权力，却没有娱乐活动，只是让他思考和反思自己是什么，那么这种可怜的幸福无法使他继续开心下去。他必然会开始思考他面临的所有威胁、可能的叛乱，以及最终不可避免的死亡和疾病。因此，如果他被剥夺了所谓的消遣，他就会不快乐，甚至比他最卑微但能享受运动和娱乐活动的臣民更不快乐。

因此，对男人来说，唯一的好处就是不去想自己是什么，要么是从事一些可以让他们忘却自己的职业，要么是做一些让他们忙个不停的事、能带来新奇而愉悦的激情，比如赌博、狩猎和一些引人入胜的表演。简言之，就是所谓的消遣。

这就是游戏、女性、战争和谋求高级职位如此受欢迎的原因。并不是说这些真的带来了幸福，也不是说任何人都认为真正的幸福来自于游戏中赢得的金钱或被猎杀的兔子：没有人会把它看作礼物。人们想要的不是那种让我们思考不幸处境、战争危险或官职负担的安逸和平的生活，而是那种使我们分心、转移注意力的焦虑不安的生活。这就是我们喜欢追捕更胜于猎物的原因。

因此，人们才这么喜欢喧闹和纷扰，监狱才会是这么可怕的惩罚，孤独的乐趣才会如此令人费解。事实上，这是做国王的主要乐趣，因为人们不断地试图转移他的注意力，为他带来各种乐趣。国王周围的人只想着分散他的注意力，阻止他思考自己，因为即使是国王，他一想到自己也会不快乐。

这就是人类为获得幸福所能想到的一切。那些对此进行哲学思考、认为人们整天追赶一只本可以花钱买到却根本不想买的野兔是非常不理智的行为的人，对我们的本性知之甚少。

野兔本身并不能让我们免于思考死亡和困扰我们的痛苦，但追赶兔子却能做到这一点。因此，有人建议皮洛士享受他花大力气追求到的眼前的安宁生活，他发现很难做到这一点。[1]

让一个人休息就等于告诉他要快乐地生活，也就是建议他享受一种完全幸福的状态，他可以在其中从容地思考而不会感到忧伤。这是不了解人的天性。

人天生就明白自己的状况，最忌讳无所事事，会极力避免闲下来。

责备他们是不对的，追求刺激并没有错——如果追求刺激只是为了消遣的话。问题是，他们想要得到幸福，好像一旦得到了追求的东西，就会真的幸福似的。这就是为什么说他们的追求是虚妄的。这一切都表明，无论是批评者还是被批评者，都不了解人的本性。

当人们因急切地追求某种并不能满足他们的东西而受到指责时，他们的正确答案——如果他们真的考虑过的话——应该是只想谋求

---

[1] 据说，皮洛士在为征服世界的计划辩护时回答说，他的最终目标是睡大觉，但这是实现征服梦想之后的事。——原注

一个暴力而充满活力的职业来摆脱思绪,这就是他们会选择狂热地追求一些有吸引力的事物来吸引自己的原因。他们的对手也找不出答案——虚荣,炫耀的乐趣。跳舞时,你必须想好该把步子向哪里迈。——但他们没有那样回答,因为他们并不了解自己。他们不知道自己想要的是追赶猎物而非猎物本身。贵族们由衷地相信狩猎是一项伟大的运动,是国王的运动,但他的猎人却不这么认为。他们想象着如果得到了某一高位,从此就将快乐地享受安宁,他们没有意识到自己贪得无厌的本质。他们以为真正想要的是安宁的生活,其实不过是在寻求消遣。

有一种隐秘的本能驱使他们四处寻求娱乐和消遣,这源于自身持续不断的不幸感。同时,他们还有一种从人类伟大的原始天性中遗留下来的隐秘本能,这种本能告诉他们,唯一真正的幸福在于安宁而非兴奋。这两种相反的本能促生了一个隐藏在灵魂深处的混乱计划,引导他们通过娱乐寻求安宁,并总是想象着一旦克服了某些明显的困难并能打开通向安宁之路的大门，现在得不到的以后总会得到。

我们的一生都是这样度过的：通过与困难斗争来寻求安宁，一旦战胜了这些困难，安宁的生活又会因为无聊而令人无法忍受。我们必须远离安宁并追求刺激。

想到眼前或即将到来的苦难，即使我们在各方面都感到很安全，无聊还是会从心底涌出，只因它根植人心深处，毒害我们整个心灵。

人是那么不幸，即使没有任何无聊的理由，也会因性情的本质而感到无聊；人是那么虚荣，尽管有上千种无聊的理由，但像用台球杆推球这样最不起眼的小事，也足以使他开心。

"但是，"你会说，"他这样做的目的是什么？"只是为了明天可以向他的朋友们吹嘘他打得比别人好。同样，也有人在研究中挥汗如雨，以证明他们已经解决了一些迄今为止还无人能够解决的数学难题。还有许多人在我看来也是愚蠢的，他们冒了极大的危险，为的是好在事后吹嘘自己攻下了某个堡垒。还有一些人竭尽全力观察这一切,不是为了变得更明智,只是为了表明知道这些事,这才是最大的傻瓜,因为他们知道自己在做什么。可想而知,如果其余的人也知道自己在做什么,就不会如此愚蠢了。

每天都去小赌一把的人,人生一定不会无聊。假如每天早晨都给他一天可能赢到的钱,条件是他不去赌博,你会让他痛苦。有人可能会说,他追求的是赌博的乐趣而非赢钱。但取消赌注,他就不会因赌博而感到兴奋了,会感到无聊,所以他想要的并非仅是娱乐。缺乏刺激的、让人提不起精神的娱乐会使他无聊。他一定很兴奋,一定会自欺欺人地想象,如果他放弃赌博,他会很高兴赢得他并不想要的礼物。他必须为他的激情创造一个目标,然后为这个目标激起欲望、愤怒和恐惧,就像孩子们害怕自己涂抹出来的鬼脸一样。

这个几个月前失去独生子、今天早上被诉讼和争吵困扰和压迫的男人,现在不再想这些事情了,是什么原因呢?不要惊讶。他的狗在过去的六个小时里一直在拼命追赶一只野猪，此刻他所有的注意力都集中在野猪会往哪里跑。他不再需要其他任何东西了。无论一个人多么悲伤，如果你能说服他找点乐子，他就会暂时开心起来；不管一个人多么幸福，如果没有消遣、没有可沉浸其中的激情或娱乐来驱散无聊，他很快就会感到沮丧和不幸。没有消遣就没有欢乐；有了消遣就没有悲伤。身居高位之人的幸福就是这样构成的，因为身边有一大群人使他们开心，他们也有能力维持这种状态。

请注意这一点。总督、大臣、首相每天早上都要见从四面八方赶来的人，他们除了享受这样一个职位，没有一刻钟时间思考自己，还有什么别的意义呢？当他们不光彩地被贬还乡，乡下既没有财富也没有仆人伺候，他们必然会变得痛苦和沮丧，因为没有人会阻止他们思考自己了。

139 *消遣*。从孩提时代起，人们就承担起爱护自己的荣誉、财产和朋友的责任，甚至包括朋友的财产和荣誉；他们肩负各种责任，接受语言训练和体育锻炼，被告知除非他们及其朋友们的健康、荣誉、财富状况良好，否则他们永远不会幸福，哪怕其中一样出了差错，也不行。因此，被赋予的责任和义务从早到晚困扰着他们。你会说，这是一种给他们带来快乐的奇怪的方法：还能想出什么更好的方法让他们悲伤吗？我们能做什么呢？唯一要做的是带走他们所有的牵挂，这样他们就会看到自己，思考自己是什么，从何处来，到何处去。这就是人类不能过于忙碌和分神的原因，也是当他们有许多事要做时，如果依然有闲暇的时间，我们就会建议他们全身心投入娱乐和运动的原因。

人心是何等的空虚和肮脏！

148 没有信仰的人既不知道真善，也不知道正义。

人人都追求幸福，无一例外。无论他们采用何种方式，都在朝着这个目标努力。有人参战，有人没有参战，原因都是一样的，双方有相同的愿望、不同的阐释。不达目的，人的意志是不会采取任何行动的。这就是每个人的行为动机，包括那些上吊自杀的人。

然而，多年来，从不曾有任何一个没有信仰的人实现过这个人人都在不断追求的目标。

所有的人都在抱怨：君主、大臣、贵族、百姓，老人、青年，健壮的、体弱的、博学的、无知的、健康的、生病的，不分国度、不分时代、不分年龄和境遇。

一场历时如此之久、保持连续一致的验证，确实应该令人信服：我们无法凭借自己的努力获得美好。但是先例几乎没有什么借鉴价值。没有哪两个例子会完全相同、没有丝毫的差异，这也是我们期待期望不会像上次一样落空的原因。因此，虽然当下永远无法满足我们，但经验会愚弄我们，引导我们从一个不幸走向另一个不幸，直到走向死亡这座永恒的巅峰。

这种渴望和无助，除了宣告人类曾经有过真正的幸福，而现在剩下的只是空洞的印记和痕迹之外，还能说明什么呢？他徒劳地试图用周围的一切事物来填补，在不存在的事物中寻求不能得之于现存事物的帮助，一切都无济于事，因为这个无限的深渊只能用一个无限的、不变的事物来填补；换句话说，就是上帝自己。

唯有上帝才是人类真正的善，奇怪的是自从人类背弃了上帝，自然界中就没有任何东西能取代他的位置：星辰、天空、大地、元素、植物、卷心菜、韭菜、动物、昆虫、牛犊、蛇、发烧、瘟疫、战争、饥荒、罪恶、通奸、乱伦。人一旦失去了真正的善，就能在任何事物中看到善，甚至在自己的毁灭中也能看到善，尽管这同时与上帝、理性和自然背道而驰。

有人求之于权威，有人求之于智力探索和知识，有人求之于享乐。

还有一些人确实更接近于此，他们发现，这种所有人都渴望的普遍美好不可能存在于只能由一个人拥有的任何一种特定事物中，而且一旦分享，分享者们会因自己缺少的那部分而感到悲伤，而不是对他们享受的部分感到满足。他们认识到真正的美好必须是所有人都能同时拥有，既不会减少也没有人嫉妒，也不会有人能违背自己的意愿而失去它。他们的理由是，欲望是人天生就有的，因为所有人都不可避免地会感觉到它，人类不能没有它，因此他们得出结论……

151 依靠和我们一样可怜无助的同胞的陪伴是荒谬的；他们不会帮助我们；我们将孤独地死去。

　　我们必须表现得好像只有我们一个人。如果是这样的话，我们还会建造一流的房屋等东西吗？我们应该毫不犹豫地寻找真相。如果不这样做，就说明我们更看重别人的尊重而不是追求真理。

152 我们与天堂或地狱之间只有半途而废的生命，这是世界上最脆弱的东西。

153 你到底答应了我什么？除了十年的自大（只因十年是赌注），徒劳无功的取悦，更不用说痛苦了。

155 心，

本能，

原则。

156 可怜那些寻求真理的无神论者吧，难道他们还不够不幸吗？痛斥那些吹嘘它的人。

157 无神论表明了思想的力量，但只能达到一定程度。

158 就选择而言，你必须不辞劳苦地寻求真理，因为如果你死的时候没有信仰真正的原则，你就迷失了。"但是，"你说，"如果他想让我崇拜他，就会给我留下一些他的意志的迹象。"他这样做了，但你却并没在意。那就去找他们吧，这是非常值得的。

159　如果我们应该放弃生命中的一个星期，我们也应该放弃一百年。

160　世上只有三种人：一种是找到上帝并侍奉他的人；另一种是忙于寻找上帝还没有找到的人；最后一种是既没有寻找上帝也没有碰到他的人。第一种人理性而幸福，最后一种愚蠢而不幸，介于二者之间的那种人不幸却理智。

161　无神论者应该说一些已经非常清楚的事。灵魂是不是物质，现在还不是很清楚。

162　从怜悯非信徒开始，他们的状况让他们很不开心。

　　他们不应该被伤害，除非这对他们有好处，但实际上对他们有害处。

163　一个在地牢里的人只剩一小时时间去弄清楚自己是不是已被判刑。假如他知道自己已被判刑，这一小时时间足以提出上诉。把这一小时的时间用于玩儿牌而不是去弄清自己是否已被判刑，这有违常理。

这超越了自然界的一切，包括人类……正在加重上帝的负荷。

因此，那些寻找上帝的人的热情和那些不寻找上帝的人的盲目都证明了上帝的存在。

164 **开端。地牢**。我同意不需要更仔细地检验哥白尼的观点。但是，弄清楚这一点：

人的灵魂是终有一死还是永生不朽，将影响我们的一生。

165 不论这出戏的其余部分演得多么好，它的最后一幕是血腥的。他们扬起的尘土落在你的头上，一切都结束了。

166 为免看到深渊，我们事先拿东西挡住视线，然后便冒冒失失地跑着跌进了深渊。

193 **偏见导致谬误**。可悲的是，每个人都在讨论方法而不在乎目的。每个人都在考虑他的职业生涯如何发展，至于事业或国家的选择，只能听凭命运的安排。

看到如此多的土耳其人、异教徒、不信教的人追随他们父辈的脚步，只因为他们都从小就相信这是最好的选择，真是太可怜了。这就是我们每个人选择锁匠、士兵等作为自己职业的原因。

这就是野蛮人不关心普罗旺斯的原因。

194 为什么对我的知识、身高和生命设限，只让我活一百年而不是一千年呢？出于什么原因，大自然从无限的整体中选择了这一个而不是那一个，当没有更充分的理由选择这一个而不是另一个时，是因为没有哪一个比另一个更有吸引力吗？

195 **无所不能。** 由于我们无法通过了解事物的一切而成为无所不能的，我们必须对一切事物都有所了解，因为了解一切事物比了解事物的一切要好得多。这种无所不能是最好的。如果我们能两者兼得会更好，但是，如果必须做出选择，就应当如此。世界了解这一点，也是这样做的，因为世界通常就是一个很好的判断者。

196 有些奇思怪想让我不喜欢吃东西时嘶嘶作响或气喘的人。奇思怪想很有分量。对我们有什么好处呢？因为它是与生俱来的，我们就纵容它吗？不，我们应该抵制它。

197 没有什么比考虑爱情的因果关系更能证明人类的虚荣心了,因为它可以改变整个宇宙。比如克利奥帕特拉的鼻子[1]。

198 我看到人类的盲目和凄惨,我在它的寂静中审视整个宇宙,没有光,人类就像是迷失在宇宙的角落,不知是谁把他放在那里,不知来做什么,也不知死后会怎样,一无所知。我惊恐万分,就像一个人在睡梦中被运送到某个可怕的荒岛,醒来时完全迷失了方向,无处可逃。令我感到惊奇的是,如此悲惨的国家并没有让人绝望。我看到周围其他人像我一样。我问他们是否比我更了解情况,他们说不是。然后,这些迷路的可怜生物环顾四周,找到了一些吸引人的物体,并对此上瘾和迷恋。我从未有过这样的迷恋,考虑到除了我所能看到的东西之外,很可能还有其他东西存在,我试图弄清楚

---

[1] 埃及艳后克利奥帕特拉的脸是完美的黄金比例,她的美丽倾倒众生,吸引了恺撒、屋大维等英雄人物,也催化了历史事件发展。帕斯卡尔在《思想录》中说:"要是克利奥帕特拉的鼻子长得短一些,整个世界的面貌就会改变。"意指要是克利奥帕特拉的鼻子长得短一些,她就不会那么美貌,这样因为她的美貌而发生的事情也不会发生,接下来的事情也就不一样了。

上帝是否留下了什么痕迹。

我看到许多宗教发生冲突,除去一次例外,其他都是错的。他们每个人都希望以自己的权威被别人相信,并以此威胁不相信他们的人。我不相信他们。任何人都可以这么说。任何人都可以称自己为先知,但我看见了基督教并找到了它的预言,这不是任何人都能做到的。

199 **人的比例失调**。这就是天赋的知识引导我们得出的结论。如果它不是真的,人类就没有真理;如果它是真的,人类就有充分的理由感到屈辱。无论是哪种情况,人类都不得不卑躬屈膝。

因为人类如果不相信这一知识就无法存在,在更广泛地探索自然之前,我希望人类可以认真而放松地考虑一次自然,并且能反观自己,通过比较二者来判断自己与自然之间是否存在比例关系。

让人类在大自然丰盈而崇高的威严中思考她的一切吧;让人类的目光远离周围卑微的事物;让人类看到那耀眼的光芒就像一盏永恒

之灯照亮了宇宙；让人类看到地球与这颗恒星所描绘的浩瀚轨道相比只是一个斑点；让人类惊叹地发现，与天穹中的群星所描绘的轨道相比，这浩瀚的轨道不过是最微小的一点。然而，如果我们的视线停留于此，那就让想象力继续前进吧，它会在大自然还没有厌倦生产事物之前就厌倦构思事物。整个看得见的世界，只是大自然宽阔胸怀中一个不易察觉的小点。没有任何概念与之相近，将我们的概念膨胀到超出一切可以想象的空间也没有用，因为与浩瀚的宇宙相比，我们只不过是生产出一些原子而已。大自然是一个无限大的球体，球心无处不在，圆周无处可寻。简言之，我们的想象力会泯灭在这种思想里，这是可感知的上帝全能的最显著特征。

让人类回归自我，与存在的事物相比，思考他是什么；让他认为自己迷失了方向，从这个他发现自己居住的狭小牢笼中——我指的是宇宙——学会估计地球、王国、城市、房屋以及他自身的正确价值。

一个无限之中的人是什么？

但是，为了让他看到另一个同样惊人的奇观，让他看看他所认识的最微小的东西吧。向他展示一只体型微小而身体各部分更加微小无比的螨虫吧。有关节的腿，腿上有静脉，静脉里有血，血液里有体液，体液里有水滴，水滴里有蒸汽：让他进一步划分这些东西直至耗尽想象力，把他到现在为止所能想到的最后的东西作为我们讨论的主题。他也许会认为这是自然界中微小之极限。

我要让他看见这是一个新的无底深渊。我想向他描绘的不仅是可见的宇宙，还有在这个微小的原子中所能构想的自然的无限性。让他在那里看到无限的宇宙，每个宇宙都有它的苍穹、行星、地球，与可见世界的比例相同。每个地球上也都有动物，也有螨虫，他将发现这一切都与可见世界中看到的一样，并可在其他微小宇宙中无穷无尽、永无休止地发现同样的事物。他将迷失在这样的奇观中，它们的微小令人惊叹，就像其他奇观的广阔一样。我们的身体不久前在宇宙中还不见踪影，宇宙本身在整体的怀抱里也不见踪影，但与我们遥不可及的虚无相比，它现在却成为一个巨人、一个世界，或者更确切地说是一个全体。谁会不为此感到惊奇呢？任何以这种方式思考自己的人，都会害怕自己，并且，当看到自己与生俱来的巨大力量在无限与虚无这两种深渊之间支撑着他，人会因为这些奇迹而战栗。我认为，当人的好奇心变成赞叹的时候，他会更倾向于在沉默中思考这些奇观，而不愿带着假定审视它们。

事实上，人在自然界究竟是什么？与无限相比是虚无，与虚无相比是无限，是介于无限和虚无之间的中项，无限远离了理解极端的能力；事情的结局和原则在他无法理解的秘密中隐藏着。

他同样无法看到自己诞生于其中的虚无和被吞没其中的无限。

他永远无法知道事物的起点，也无法知道终点。那么，除了感知事物居中部分的表象之外，他还能做什么？万事万物皆诞生自虚无，延续到无限。谁能跟得上这些令人惊叹的进程？除了这些奇迹的创造者明白这一切：别无他人。

因为没有深思这些无限性,人类贸然地开始了对自然的探索,仿佛他和自然之间存在某种比例。

奇怪的是,他们想知道事物的开端,灵感来自一种与他们的目标一样无穷的臆测,进而了解一切。毫无疑问,如果没有无穷的臆测或像自然界一样无限的能力,就不可能构想出这样的计划。

了解得更多时,我们就会明白,既然大自然在万物上刻下了自己和她作者的形象,万物几乎都分享了她的双重无限性。因此可以看出,所有科学研究在其研究范围内都是永无止境的,以数学为例,谁会怀疑它有无穷多的命题要阐述呢?就原理的繁多和细密而言,也是无限的,因为任何人都可以看出,那些被认为是最终命题的原理并不是独立存在的,而是依赖于别的原理而存在,而这些原理也要依赖于其他原理而存在,因此永不会有终结。

但是,我们把其中一些东西看作终极的理由,和我们看待有形物体时的理由是一样的,超出感官的感知范围时,我们称之为不可分割的点,尽管本质上它是无限可分的。

在科学的双重无限中,巨大的无限性更易察觉,这就是很少有人声称自己无所不知的原因。德谟克利特[1]曾说过:"我要论述一切。"

但这种无限小不易观察。哲学家们往往自诩已经达到了这个目标,而他们正是在这点上犯了错。这就是《事物原理》和《哲学原理》等人们熟悉的书名的由来,这些书名跟明目张胆的《论可知的一切》一样自命不凡,尽管他们看上去并非如此。

我们很自然地认为自己更有能力到达事物的中心而非拥抱它的全部,世界可见的范围显然超出我们之外。但是,因为我们比小事物大,我们就认为自己更有能力掌握它们。然而,达到虚无所需要的能力并不亚于达到全

---

1. 德谟克利特(Democritus,公元前500—前440年),古希腊哲学家。他主张世界上一切事物都是相互联系的,都受因果必然性和客观规律的制约。他认为,原子在虚空中相互碰撞而形成的旋涡运动是一切事物形成的原因,他称之为必然性。在强调必然性时,他否定了偶然性,把自然界的一切作用都归结为必然性。

部，两者都需要无限的能力。在我看来，任何理解事物终极原理的人也可能成功地认识无限，一个依赖另一个，一个导致另一个。这些终极通过走向相反的方向而接触和汇集，它们在上帝那里相遇，只在上帝那里相遇。

让我们认识自身的局限性吧。我们很重要，但我们不是一切。我们的存在遮蔽了对诞生自虚无的第一原理的认识，而我们的渺小则阻止我们看到无限。

我们的智力在思想世界中的地位与我们的身体在自然界中的地位相同。

在各个方面都受到限制时，我们发现这种介于两个极端之间的中间状态反映在我们所有的能力中。我们的感官不能感受无限：太多的噪声使我们耳聋，太强的光线使我们目眩；距离太远或太近都看不清楚事物；言论太长或太短都模糊了论点；真理过多使人困惑。我知道有人不能理解零减去四还余下零。第一原理对我们来说太明显了；太多的快乐会导致不适；音乐中太多的和声令人不快；太多的善意让我们恼火；我们希望有能力超额偿还债务。**在债**

务似乎可以偿还的情况下,善意是受欢迎的。但如果负债过多,感激就会变成仇恨。

我们既不能感受极度的热,也不能感受极度的冷。极端的品质对我们不利,且无法被察觉,我们感觉不到却深受其苦。过于年轻或年迈都会阻碍思想,如同接受太多或太少的教育一样。

一言以蔽之,极端似乎不是因为我们而存在,我们也不是因为极端而存在;要么他们逃避我们,要么我们逃避他们。

我们的真实状态就是这样。这就使我们既无法确切有知,也无法绝对无知。我们飘浮在浩瀚的宇宙中,飘忽不定、吹来飞去;当我们想依附于某个点并固定下来时,它就会波动起来,离我们而去;如果我们追寻它,它就会逃离我们的掌控,溜掉,在我们面前永远消失。没有什么是静止不动的。这是我们的自然状态,也是与我们的意愿最相悖的状态。我们渴望找到一个坚实的立足点,一个终极的、持久的基础,在此基础上建造一座高塔,升至无限。但我们的整个地基都裂开了,大地裂出一条深渊。

那么，我们就不要寻求确定性和稳定性；我们的理智总是被表象的变化无常所欺骗；没有什么能把有限固定在两个无限之间，这两个无限既包括有限，又避开有限。

一旦明白了这一点，我想我们每个人都可以在大自然赋予人类的状态中保持安定。既然分配给我们的中间位置总是远离极限，别人对事物的理解稍微多一点儿又有什么用处呢？就算他多了解一点儿，他再进一步，他不还是离目标无限远吗？即使再多活十年，我们的寿命与永恒相比不是同样微不足道吗？

从这些无限的角度来看，所有的有限都是平等的，我找不出任何理由要把我们的想象集中在一个有限而不是另一个上。仅把我们自身与有限做比较是令人痛苦的。

如果人研究自己，就会明白自己是多么无能。部分怎么能认识整体呢？但也许他会渴望至少能认识与他有着比例关系的那部分。但是世界的各个部分都是彼此相关和联系在一起的，我认为不了解其他部分和整体，就不可能认识某一部分。

例如，人是和他所认识的一切事物相联系的。需要空间可以容身，需要时间得以存续，需要运动才能活着，需要元素构成自己，需要温暖和食物给予营养，需要空气才能呼吸。人能看到光，能感觉到物体，总之，万物都与他相联系。因此，要了解人，就必须知道他为什么需要空气才能活着，要了解空气，就必须了解空气是如何与人的生活联系起来的，等等。

没有空气，火焰就无法存在，所以要了解其中一个，就必须了解另一个。

因此，既然万事万物都既是因又是果，既有所依赖又有所支持，既是远亲又是近邻，一条自然而无形的纽带便将极其遥远又各不相同的事物联系在一起，我认为不了解整体就无法认识部分，同样，不了解部分就无法认识整体。

事物的永恒或上帝的永恒一定会使我们短暂的生命惊讶不已。

大自然的恒定不变与我们自身不断发生的变化相比，必然会产生同样的效果。

我们之所以无法绝对地认识事物，是因为它们本身是单一的，而我们却是由灵魂和肉体这两种相反的、不同种类的物质构成的。对于我们中的一部分人来说，除了精神以外，不可能有别的东西存在，即使有人声称我们只是物质的，也会更加妨碍我们认识事物，因为没有什么比物质认识自己的想法更不可思议的了。我们不可能知道它是如何认识自己的。

因此，如果我们仅仅是物质的，就将对什么都不了解；如果我们是由精神和物质构成的，就无法对纯粹精神或物质的事物有完美的认识。

这就是为什么几乎所有哲学家都对事物的概念混淆不清，他们在精神上谈论物质的东西，在物质上谈论精神的东西，因为他们大胆地断言肉体有堕落的倾向、渴望寻找自己的中心、躲避毁灭、害怕空虚，肉体有自己的意愿、同情、憎恶等只适用于精神的特征。当他们谈论思想时，认为思想位于某个地方，并能够从一个地方移动到另一个地方，而这些特征又只适用于肉体。

我们没有接受这些事物的纯粹理念，而是用我们的品性为它们着色，并将我们的复合存在标记在我们所思索的一切单纯事物上。

看到我们将思想和物质的一切相结合，大家都会认为这样的混合对我们来说是完全可以理解的。然而，这是我们最不了解的事，人对于自己来说是自然界最伟大的天才，因为他无法理解肉体是什么，更不用说思想，最不能理解的是肉体如何与思想相结合。这是他最大的困难，但他正是这样存在的。**心灵依附于身体的方式是人类无法理解的，然而这就是人。**

最后，我将通过两点来结束对人类弱点的证明。

200 人只不过是一根芦苇，是自然界中最脆弱的东西，但他是一根能思想的芦苇。用不着整个宇宙举起武器才能毁灭他：一股蒸汽、一滴水就足以致命。但即使宇宙将毁灭人类，人类仍会比置其于死地的宇宙更高贵，因为他知道自己将死，也知道宇宙优于他之处。然而，宇宙对此一无所知。

因此，我们全部的尊严就在于思想。我们

必须依靠思想而不是依靠我们永远无法填补的时空来恢复。那就让我们好好地努力思考，这就是道德的基本原则。

201 在这无限的空间里，永恒的寂静使我充满恐惧。

202 得到安慰；你不一定期望人们的安慰，这并非你本人的意愿，相反，你一定期望得到安慰，因为对自己一无所求。

271 耶稣所做的一切就是教导人们，他们爱自己，他们是奴隶、瞎子、病人，是不幸的和有罪的；他必须拯救、启迪、圣化和医治他们，要做到这一点，人们就要憎恨自己，跟随他经历苦难和死在十字架上。

273 那些觉得难以相信的人会从犹太人不相信的事实中寻找借口。他们说："如果事情很清楚，犹太人为什么不相信？"他们几乎希望他们相信，这样他们就不会被犹太人拒绝相信的例子吓倒。但正是他们拒绝的事实才是我们信仰的基础。如果他们站在我们这边，我们就不会那么容易相信，那么，我们应该有一个更好的借口。

使犹太人如此喜爱预言并对预言的实现充满敌意是一件了不起的事。

281 **永续**。这一宗教在于相信人已经从与神相交的荣耀状态堕落到一种忧郁、忏悔和与神疏远的状态,但在今生之后,我们将由一位应许的弥赛亚[1]复兴,而这种状态一直存在于世间。

万物皆已逝去,但万物之本却历久不衰。

创世之初,人类被引导去做各种各样的坏事,但仍有像以诺、拉麦等圣人自创世以来就耐心地等待着应许的基督。诺亚看到了人类的至恶,他对弥赛亚(他所预言的救世主)的盼望有拯救世界的功德。当上帝向亚伯拉罕显现后者期盼的弥赛亚的奥秘时,亚伯拉罕被崇拜者们包围着。在以撒和雅各的时代,可憎的事遍及世界,但这些圣人仍活在他们的信仰中,雅各在临终的时候,正为他的孩子们祝福,忽然欣喜若狂地喊道:"耶和华啊,我等候你所应许的救世主。"

埃及人被偶像崇拜和魔法迷住,甚至上帝

---

1. 耶稣基督的另一称谓。

的子民也被他们的榜样迷住了。然而，摩西和其他人看见了他们没有看见的他，在仰望上帝为他们准备的永恒礼物时，仍然敬拜上帝。

接下来，希腊人和拉丁人建立了假神。诗人们发明了一百种不同的神学，哲学家们分裂成一千个不同的派别。然而在犹太的中心，总有一些被选中的人预言只有他们知道的弥赛亚的到来。终于，他来得正是时候，从那时起，我们看到出现了非常多的教会分裂和异端邪说，许许多多的国家被推翻，各种各样的变化在发生，然而，崇拜他的教会却从未间断过。令人感到无比神奇、无与伦比、神圣至极的是，这个一直存在的宗教不断地遭受攻击。它无数次处于被彻底毁灭的边缘，每当这时，上帝又都以他非凡的能力拯救了它。令人惊奇的是，它始终没有屈服于暴君的意志。当一个国家的法律有时让位于必要性时，国家仍然存在，这没什么奇怪的，但……（查看蒙田的圆形[1]）。

---

1. 指人类周而复始地做同样的事情，即不停地在同一个圈子里转。

284 唯一反自然、反常识和反对我们享乐的宗教，是唯一始终存在的宗教。

308 身心之间的无限距离象征着心灵与慈善之间的无限远，因为慈善是超自然的。

对于那些追求心灵的人来说，所有伟大的辉煌都暗淡无光。

国王、富人和船长在肉体的意义上都很伟大，但知识分子的伟大于他们是不可见的。

智慧若非来自上帝，便不能称其伟大；充满肉欲的人或知识分子看不见它的伟大。他们是三种不同的顺序。

伟大的天才有他们的力量、他们的辉煌、他们的伟大、他们的胜利和他们的光辉，他们不需要肉体上的伟大，这与他们无关。用心灵而非眼睛辨别它们，就足够了。

圣人有他们的力量、他们的辉煌、他们的胜利、他们的光辉，不需要与他们无关的肉体或智力上的伟大，因为这样的伟大既不会增加，也不会带走任何东西。它们由上帝和天使，而非身体或好奇的头脑加以辨别。其实，有上帝就足够了。

默默无闻的阿基米德仍然受到尊敬。他没有参加肉眼可见的战斗,但他的发现丰富了每个人的思想。他在人们心中闪耀着多么灿烂的光芒!

没有财富也没有知识外在展示的耶稣有他自己的圣洁秩序。没有伟大的发现,亦没有称王,但他谦逊、耐心,对上帝而言是三重圣洁的,令魔鬼可畏,而且是无罪的。他以何等宏大壮观的威严和气势,进入了感知智慧的心灵之眼!

尽管阿基米德是王子,但他在自己的数学书中扮演王子毫无意义。

我们的主耶稣基督在他神圣的统治中以光彩夺目的君王身份降临是毫无意义的,但他确实是按照自己的顺序荣耀降临的。

对耶稣的卑微感到震惊是十分荒谬的,仿佛他的卑微与他要显现的伟大是同一次序的。

如果我们考虑到他生命的伟大、他的激情、他的默默无闻、他的死亡、他选择门徒的方式、门徒的离弃、他的秘密复活及其他一切,我们就会明白,他如此伟大,以至于我们没有理由对与之无关的卑微感到震惊。

但有些人只能欣赏肉体上的伟大,仿佛根本就没有精神上的伟大。还有一些人只赞美精神的伟大,仿佛没有更伟大的智慧了。

所有的身体、天空、星辰、大地及它们的王国都比不上一丁点思想,因为思想知道一切,包括它自己,而身体却一无所知。

所有的身体、所有的思想及它们所有的产品都比不上最微小的仁爱之举。这是一个无限崇高的顺序。

即便所有的身体都聚集在一起,我们也无法成功地创造出一个小小的思想。这是不可能发生的,它来自不同的秩序。我们无法从所有的身体和心灵中提取出一种真正的慈善冲动。这是不可能发生的,它来自另一种超自然的秩序。

310 **耶稣基督的证明**。使徒是无赖这样的假设是非常荒谬的。遵循假设到底,想象一下这十二个人在耶稣死后会面,并合谋说他已经死而复生。这意味着对所有当权者的攻击。人心很容易受到浮躁、变化、承诺和贿赂的影响,只要有一个人在这些诱惑下，或者更多的是因为可能的监禁、酷刑和死亡而否认他的故事，他们就都完了。遵循假设去设想吧。

332 **预言**。如果有一个人写了一本书，预言耶稣降临的时间和方式，而耶稣的降临又吻合了预言，这将极具分量。

还有更多。四千年里，人类不断地、一个接一个地预言同样的新事物的来临；整个民族都在宣扬它，四千年来，他们集体证明对它的确信，任何可能会遭受的威胁和迫害都无法阻止他们。这是一个完全不同的重要性顺序。

335 对耶稣最有力的证明是预言。上帝为预言做了许多准备，因为实现预言的事乃是神迹，从教会的诞生一直延续到结束。因此，上帝在一千六百年间培养了先知，在随后的四百年间，他将所有的预言都与犹太人一起散播到世界各个角落，这是在为基督诞生做准备。既然要让全世界都相信他的福音，那么不仅要有使人们相信的预言，这些预言还必须传遍世界，这样全世界都会拥抱它。

351 基督教很奇怪，它要求人类承认自己是卑鄙的，甚至是可憎的，又要求人类要像上帝一样。如果没有这样的平衡，高傲会使他极度虚荣，自卑会使他变得极其卑贱。

352　痛苦引发绝望。

狂傲诱发臆断。

上帝的化身借所需的伟大救赎之法向人类展示其深重的苦难。

356　在服从方面，士兵和卡尔特修士之间有什么区别？他们同样顺从、依赖，并从事艰苦的训练。士兵总是希望成为自己的主人却从未实现，因为即使是首领、王子，也始终是奴隶和依赖者，但士兵始终怀着希望并为实现自己的目标而努力，而卡尔特修士则发誓永远依附于别人。卡尔特修士和士兵的命运都是永久被奴役，这一点没有什么不同，只是一方总是满怀希望，另一方永不知足。

373　我们必须只爱上帝，只恨自己。

如果脚从来都不知道它属于身体，不知道有一个身体可以依靠；如果脚只知道自己也只爱自己，后来它渐渐明白自己属于一个可以依靠的身体，它会为过去的生命感到多么遗憾和羞耻，因为它对向它注入生命的身体毫无用处，如果拒绝它，就像脚把自己从身体上切断一样切掉它，就会毁掉它！祈祷能坚持下去！它会顺从地听命于支配身体的意志，甚至在必要时被截肢！否则它就不再是身体的一部分，因为每个部分都必须愿意为整体而灭亡，一切存在都只为整体而存在。

378 "如果我看到了奇迹，"他们说，"我就会皈依。"他们怎么能肯定自己会去做一无所知的事情呢？想象这样的皈依在于敬拜上帝，如他们所想，比如某种交流或对话。真正的皈依在于，在我们经常使之恼怒并完全有权在任何时候摧毁我们的普遍存在面前自我毁灭，认识到没有他我们什么也做不了，除了他的厌恶，我们什么也得不到；在于知道上帝与我们之间存在不可调和的对立，没有调解人，就没有交流。

392 **人物**。上帝希望为自己创造一个圣洁的民族，他将他们与其他民族隔绝，将他们从敌人手中拯救，带到安息之地。他应许这样做，并由他的先知们预言到来的时间和方式。上帝向每个时代自己所拣选的人表明这一切，以增强被拣选子民们的希望，绝不让他们失去自己力量的庇护和拯救他们的意志的保证。因为在创造人类的过程中，亚当见证了这一点，并接受了一个应由女人所生的救世主的应许。

当人类非常接近上帝造物时，便无法忘记他们的创造和堕落；当那些见过亚当的人已不在世，上帝派诺亚拯救他并用奇迹淹没了整个地球，这个奇迹清楚地显示了他拯救世界的力量和意愿，并促使他应许的女人的后裔诞生。

这个奇迹足以增强被拣选之人的希望。

人们对洪水的记忆还如此清晰，当诺亚还活着时，上帝向亚伯拉罕做出应许；而当闪还活着时，上帝差遣摩西……

403 **苦难**。所罗门和约伯最了解人类的苦难，也表述得最完善，所罗门是最幸福的人，约伯则是最不幸的；前者切身体会到了享乐的虚妄，后者则认识到了痛苦的真实。

412 人类必然疯狂，不疯狂就是对疯狂的疯狂扭曲。

414 **苦难**。唯一能够安慰我们的痛苦的是消遣。然而，这是我们最大的痛苦，因为正是消遣阻止我们思考自己，并在不知不觉中将我们引向毁灭。如果没有消遣，我们就会无聊，无聊会驱使我们寻找更可靠的逃避方式，但消遣消磨我们的时间，让我们不知不觉地走向死亡。

418 **无限——虚无。[赌注]**我们的灵魂进入肉体，在那里找到数字、时间和维度，并对它们进行推理，称之为天性或必然，除此之外，它什么也不相信。

在无限之上加一并不会使无限增加，就像在无限的尺度上加一英尺一样：有限在无限面前被消灭，变成纯粹的虚无。我们的思想在上帝面前，我们的正义在神圣的正义面前亦如此。我们的正义与上帝的正义之间的不成比例，并不像一与无限之间那么巨大。

上帝的正义必定会像他的仁慈一样宽广。可是，上帝对被诅咒者的正义不如对被拣选子民的仁慈那样宽广，我们也不应对此感到那么吃惊。

我们虽知道无限的存在，却并不认识它的本质，正如我们知道数字有限这种说法是荒谬的，因此，数字无限是正确的，但我们却不知道它是什么。说它是偶数是错的，说它是奇数也不对，因为增加一个单位并不会改变它的本质。但它是一个数字，而一切数字不是偶数就是奇数（这的确适用于一切有限数）。

因此，我们可能很清楚地知道上帝存在，但不一定清楚他是什么。

鉴于有那么多真实的事物并不是真理本身，难道就没有实实在在的真理吗？

我们知道有限的存在及其本质，因为我们和它一样在空间中是有限的和广延的。

我们知道无限的存在却不认识它的本质，因为它和我们一样是广延的，但与我们不同的是它没有极限。

但是我们既不知道上帝的存在，也不认识上帝的本质，因为他既不广延也没有极限。

然而，我们因信仰知道他的存在，通过荣耀认识他的本质。

我已经指出，即使不清楚事物的本质，也可以认识它的存在。

让我们按照自然的光明来谈谈吧。

如果上帝存在，那么他就是无限的、不可思议的，因为他既不可分割也没有极限，所以与我们没有关系。因此，我们既不知道他是什么也不知道他是否存在。既然如此，谁还敢尝试回答这个问题呢？当然不是我们，因为我们和上帝没有关系。

那么谁会谴责基督徒没能说出他们信仰的理由呢，基督徒不正是宣扬信仰一种他们无法说出理由的宗教吗？他们在向世人宣扬宗教时，也是在宣称它是愚蠢的，之后你会抱怨，说他们没有证明这一点。然而，就算他们真的证明了这一点，也不会信守诺言。唯其由于缺乏证据，他们才表明自己不缺乏道理。"是啊，但尽管这为那些提出宗教信仰的人提供了借口，使他们免于在没有合理依据的情况下提出宗教而受到责备，却不能宽恕那些接受它的人。"那么，我们来研究一下这个论点，让我们说："上帝要么存在，要么不存在。"但我们应该倾向于哪一种观点呢？理性无法决定这个问题。无限的混乱将我们分开。在这无限距离的远端，一枚硬币正在旋转，它将正面朝下也可能背面朝下。你怎么赌？理性使你无法做出选择；理性也无法证明任何一方是错的。

不要谴责那些已经做出选择的人的谬误，因为你对此也一无所知。"不，但是我要谴责他们，不是因为他们做出了这个特定的选择，而是不该做出任何选择。因为猜硬币是正面和反面都属同样的错误，事实上他们双方都是错的：正确的做法是根本不要赌。"

是的，但你不得不赌。别无选择，你无法逃避。那你会选择哪个？让我们看看：既然必须做出选择，那么让我们看看哪个和你的利害关系最小。你有两样东西可输：真和善；有两样东西可赌：理性与意志，知识与幸福；你的天性有两样东西要避免：错误和不幸。既然你必须选择，你的理性就不再因选择其中某一个而受到冒犯。这一点很清楚了。但是你的幸福呢？让我们权衡一下在呼唤上帝存在的过程中的得失。让我们来评估这两种情况：如果你赢了，你就赢了一切；如果你输了，你却一无所失。不必迟疑，赌上帝确实存在吧。"这个办法真了不起。是的，我必须打赌，但也许我下的赌注太多了。"让我们看看：既然得与失的机会均等，假如你能赢得两次生命，你就可以赌下去，但假设你能赢得三次生命呢？

你非赌不可了（何况你有必要非赌不可）。如果你被迫赌下去，却仍不肯在得失机会均等的赌博中冒险赢得三次生命，那你就有失明智了。但有永恒的生命和幸福。既然如此，即使在无数机会中只有一个对你有利，你仍然有理由以一赔二；如果你被迫赌下去，在赌局中的无数机会中只有一个对你有利，有无限的幸福生活等待你去赢得，而你拒绝以一赔三的生命赌注，那你就做错了。但在这里，你可以赢得无限的幸福生活，赢的机会只有一次，而输的机会是有限的，你下的赌注也是有限的。我们别无选择，哪里有无限，哪里就不会有无限多的输与赢的机会，也就没有犹豫的余地，你必须孤注一掷。既然你必须赌下去，如果你想保全生命而非冒生命之险获得无限的利益，那就必须放弃理性，就像会一无所失那样。

像这样说毫无用处：不能断定你是否会

赢，但能肯定你是在冒险，所冒风险的确定性和可能会赢的不确定性之间的无限距离，使你冒着风险一定能得到的有限利益与你不一定会获得的无限利益相等。但事实并非如此。每个赌徒都承担一定的风险以求赢得不确定的收益，然而他却在不违背理性的情况下为追求不确定的有限收益而承担确定的有限风险。确定的风险和不确定的收益之间并没有无限的距离：这是不对的。赢的确定性和输的确定性之间的确有无限的距离，但赢的不确定性和风险的确定性之间的比例与输或赢的机会是成比例的。因此，如果双方的机会同样多，那么输赢机会也相等。在这种情况下，风险的确定性与赢局的不确定性是相等的；两者的距离绝不可能无限远。在一场赌注有限，但输赢机遇相等且所赢无限的赌局中，我们的命题便具有无限的力量。

这一点是结论性的，如果人们能够掌握任何真理的话，这就是真理。

"我承认，我同意这一点，难道真的没有办法知道这些牌底是什么吗？""有啊。有经文，以及其他的。""是的，但是我的手被捆，我的口被封；我被迫赌下去，我没有自由；我被牢牢抓住，我生来就是无法信仰的人。你要我怎么办？""的确如此。但是你至少可以领会激情使你无法信仰，理性驱使你信仰，而你又不能这样做。那么，不要集中精力于通过增加上帝存在的证据来说服自己，而是要减少你的激情。你想找到信仰，却不知路在何方。你想治愈自己的不信仰，为此请求药方：向那些曾经像你一样被束缚，而今赌其所有的人学习。这些人认得你愿意遵循的那条路，你希望治愈的痛苦在他们身上已经得到了治愈：追随他们开始的方式。他们做的就像他们真的是在信仰着一样，喝圣水、做弥撒等等。这会让你自然而然地信仰，也会让你更温顺。""但这正是我害怕的。""为什么？你会失去什么？为了向你表明路就在此处，它就会削弱你的激情，而激情正是你最大的障碍……"

"那么，你选择这条路会有什么害处呢？你将是忠实、坦诚、谦逊、感恩、乐善、真诚、可靠的朋友……。你确实不会陷入有害的欢娱、荣耀和美好生活，然而，你绝不会投入其他事务中吗？"

"我可以告诉你，今生你就会有所收获，你在这条路上每迈出一步，都会看到受益的确定性，而风险却微不足道，最终你会意识到，你已经在某件确定而无限的事情上下了赌注，而你并没有为此付出任何代价。"

"这些话让我欣喜若狂！"

"如果我的话让你高兴，而且似乎很有说服力，你一定知道说这些话的人在此前和此后都在屈膝祈求这个无限的、不可分割的存在，他向这个存在屈服。他也要叫你顺服他，既为你自己的利益也为他的荣耀：力量可能会因此与卑躬屈膝相调和。"

427 [反对冷漠]在攻击它之前，至少让他们了解他们所攻击的宗教是什么。如果这个宗教吹嘘它对上帝有清晰的认识，并且清楚地证明了他的存在，如果有人说世界上没有任何东西可以如此明显地证明他的存在，这将是一个有效的反对意见。但恰恰相反，它说人类在黑暗中，远离上帝，上帝隐藏了自己，使人类无法理解，这就是他在《圣经》中给自己起的名字：隐秘的上帝（Deus Absucitus）。总而言之，如果它同样努力地确立这两个事实：上帝在教会中设定了看得见的神迹，以便那些真正寻求他的人能够认出他，而且他也同样将这些神迹隐藏起来，只有那些全心全意寻求他的人才能看到他，那么当他们并不关心自己所声称的真理，却对没有任何东西向他们表明真理而提出抗议时，能获得什么好处呢？因为他们发现自己的默默无闻，并以此作为反对教会的理由，只不过是确立了教会所坚持的其中一件事而没有影响到另一件事，非但没有证明她的教导是错误的，反而证实了这一点。

为了真正地攻击真理，他们只得抗议说自己已尽一切努力在到处寻求真理，即使是在教会的教导中，也还是一无所获。如果他们那样说，就真的是在攻击基督教的一项主张。但我希望在这里表明，任何有理智的人都不会那样说话。我甚至敢说，从来没有人这样做过。我们很清楚人们在这种心态下的表现。当他们花了几个小时阅读《圣经》的某一卷，并就信仰的真理向一些神职人员提出疑问时,他们就认为自己在学习上付出了很大的努力。之后,他们吹嘘说,他们在书本和人群中寻找,但都没有成功。事实上,我要对他们说我经常说的一句话:这种疏忽是不可容忍的。这不是某个陌生人微不足道的兴趣引起了这种行为的问题:这是我们自己的问题,也是我们所有人的问题。

灵魂不朽于我们来说是如此重要,对我们的影响如此深远,如果一个人对于了解它究竟是怎么回事漠不关心的话,他必定是冥顽不灵了。我们所有的行动和思想都必须遵循不同的路径,根据是否有永恒福祉可期待而定,凭着理性和判断力行事的唯一可能的方式是根据这一点来决定我们的路线,这应该成为我们的最终目标。

因此,我们的主要兴趣和主要责任是寻求关于这个问题的启示,我们的一切行为都取决于此。这就是在那些不相信的人中间,我对竭尽全力求知和活着,却懒得冥思的人进行绝对区分的原因。

我只能同情那些真诚地为自己的怀疑而哀叹的人，他们把这种怀疑视作最大的不幸，并竭尽全力要摆脱它，他们把这场寻求当作自己最重要、最严肃的事业。

但是对于那些根本就不思考人生终极目标的人来说，他们仅仅因为无法在自己内心找到信念之光便不肯再到别处去寻找，也不去彻底审查这究竟是人们出于单纯的轻信而接受的观点，还是那种虽然本身晦涩难懂却有着极其坚实、不可动摇的基础的观点：对于他们，我是以完全不同的另一种态度来考虑的。

他们对关系着他们自身、他们的永恒、他们的一切都岌岌可危的一件事的无知使我愤怒更甚于怜悯，使我震惊和厌恶。在我看来，这太可怕了。我这样说，并不是出于对精神奉献的虔诚热情。恰恰相反，我的意思是我们应该从人类利益和自尊的原则中获得这种感觉。关于这一点，就算最不开明的人也能明白。

并不需要伟大崇高的灵魂就可以理解生活中没有真正而坚实的心满意足，我们所有的欢娱都只是虚空，我们的苦难是无穷无尽的，最后，还有那无时无刻不在威胁着我们的死亡，在短短若干年里，我们会准确无误地面对不可避免的可怕选择，要么被毁灭，要么永远不幸。

没有什么比这更真实、更可怕的了。纵使我们能做到自己所希望的那样英勇：等待着世界上最辉煌的生命的终结便是如此。让我们就此思考一下吧，然后说说下面这些话是否确切无疑：今生唯一的美好就是对来世的期望，只有走近些，我们才会快乐，正如确信永恒的人不会再有悲痛，那些对它一无所知的人，也不会再有幸福。

因此，有这样的怀疑无疑是极大的罪恶，但当一个人产生这样的怀疑时，寻找它至少是责无旁贷的责任；而持怀疑态度却不去寻找答案的人则十分不幸，同时也大错特错了。此外，如果他公开表示感到一种平静的满足，甚至认为这是快乐和虚荣的理由，那么，我实在找不出什么词可以形容一个如此肆无忌惮的人。

我们怎么会怀有这种感情呢？除了无助

的悲哀再没有别的希望，那么快乐的理由是什么？虚荣为什么要被投入无法穿透的蒙昧之中？这种推理怎么可能发生在一个理性的人身上呢？

"我不知道是谁把我带到这个世界上来的，不知道世界是什么，也不知道我是什么。我对一切都一无所知。我不知道我的身体是什么，我的感官是什么，我的灵魂是什么，我不知道我的哪一部分在思考我所说的话，它思考一切，也思考自己，它对自身的不了解并不亚于对其他事物的不了解。"

"我看到可怕的宇宙空间包围着我，发现自己被束缚在这浩瀚宇宙的一个角落里，不明白自己为什么被放在这里，也不知道为什么我的短暂生命被分配给这一刻，而不是在先我而往和继我而来的所有永恒中的另一个时刻。我看到的只是四面八方的无限，把我包围得像一个原子，又像是转瞬即逝的影子。我只知道我很快就会死去，但我知道的最少的恰是我无法逃脱的死亡。"

"正如我不知道自己来自何方，我也不知

要去向何处。只知道在离开这个世界时,我要么永远归于虚无,要么落入愤怒的上帝之手,但我不知道在这两种状态中,哪一种将成为我的永恒命运。这就是我的状态,充满了软弱和不确定性。由这一切,我得出结论,活着的时候,无论哪一天都不要去思考在自己身上到底会发生什么样的事情。或许我可以在我的疑惑中找到一些启示,但我不想费那个力气,也不想迈出一步去寻找它;后来,当我嘲笑那些正在努力实现这一目标的人时——无论他们多有把握,都应该引起绝望而不是虚荣——我将毫不畏惧、毫无预见地去面对如此重大的事件,永远无法确定未来的状况,任凭自己怵怵地死去。"

谁会愿意和这样争论不休的人做朋友呢?谁会从人群中选择他作为知己呢?谁会在逆境中求助于他?他在生活中能发挥什么作用呢?

对于宗教来说,与这些不理智的人为敌确实是令人愉快的:他们的反对构成的威胁很小;相反,还有助于确立宗教的真理。基督教的信仰几乎就是确立两件事:人性的堕落和基督的救赎。此刻，我坚持认为，如果他们不能通过其行为的神圣来证明救赎的真理，那么他们至少通过这种反常的情绪证明了人性的堕落，这令人钦佩。

没有什么比自身的状态对人来说更重要的了，没有什么比永恒更令人敬畏的了。如果有人对失去自己的存在和落入永恒痛苦的险境漠不关心，就很反常了。他们与其他一切事物都大不相同；他们畏惧最微不足道的事，预见并感受它们；就是这个人，日日夜夜都在愤怒和绝望中度过，唯恐失去某个职位或想象着对他的荣誉有某种损害，他知道自己将因死亡而失去一切，但毫不焦虑、无动于衷。看到同一颗心对小事如此敏感，对大事却出奇地麻木，真是太可怕了。这是一种无法理解的魔咒，一种超自然的麻木，它显示出其根源在于一种无所不能的力量。

人的本性一定经历了一次奇怪的逆转，他才会夸耀自己处于一种任何人都难以置信的状态。然而，经验告诉我，像这样的事情太多了，如果我们不知道混在其中的大多数人都是假装的，并不是他们看起来的那样，那将会感到惊讶。这些人都是风闻别人说炫耀这种偏激行为很体面。这就是他们所谓的摆脱束缚，他们在极力模仿。但要向他们表明他们以这种方式寻求别人的尊重真是大错特错，并不是难事。这不是获得尊重的方法，我想说，即使在饱经世故者中间也不是，他们理智地判断事物，懂得能够成功的唯一途径是表现出诚恳、忠诚、处事明智和能够为朋友提供帮助，因为从本质上来说，人只喜欢对他们有用的东西。现在，我们听说有人摆脱了自己的羁绊，他不相信有一个上帝在监视他的行动，自以为是自己行为的唯一主宰，并认为只对自己的行为负责。那么，这对我们有什么好处呢？难道他以为这样做，从此就赢得了我们的充分信任，我们会因生活所需，期望从他那里得到安慰、忠告和帮助吗？他们自以为告诉了我们，只把我们的灵魂当作是一缕过眼烟云，尤其是以一种傲慢自满的语气说出来，就给了我们极大的快乐吗？这是一件值得高兴的事情吗？恰好相反，这难道不是一件说来可悲的事吗？难道不是世界上最可悲的事吗?

如果他们认真思考,就会明白这是被误导的,有悖常理、有失体面,在各个方面都极大地背离了他们所追求的良好风范,因此他们更有可能改变而不是腐化那些可能想要追随他们的人。事实上,让他们陈述自己的意见,并且说出激发他们对宗教产生怀疑的原因:他们所说的将是如此软弱无力和微不足道,结果倒是会说服你相信相反的意见。下面是某个人某一天非常中肯地对他们说的话:"如果你们继续以这种方式谈论下去,你真的会使我皈依宗教了。"他是对的,因为谁不会因为和如此可鄙的人持有相同的观点而心存恐惧呢?

因此,那些只是假装如此的人,如果他们为了成为最狂傲不逊的人而束缚自己的本性,那确实很不幸。如果他们内心深处苦于不能有更多的光明,那么他们不该加以掩饰:承认这一点并不可耻。没有什么可耻的,除非根本就没有光明。没有什么比无法认识到人没有上帝的不幸状态更能表明精神极端脆弱的迹象了;没有什么比不希望永恒的应许成真更能证明人心邪恶的迹象了；没有什么比做反对上帝的勇士更懦弱的了。那就让他们把这种不虔诚留给那些没有教养的人去做吧，如果他们不能成为基督徒，至少让他们成为正派的人。简而言之，让他们承认，只有两类人可以被称为理性的人：因为认识上帝而全心全意侍奉上帝的人；因为不认识上帝而全心全意寻求上帝的人。

至于那些不知道或找不到他的人，他们认为自寻烦恼太不值得，认为他们不值得别人为他们费心，只有被他们鄙视的宗教的仁慈才不会鄙视他们到放任其干蠢事的程度。只要他们活着，宗教就要求我们始终将他们视为有能力接受恩典的人，恩典也许会启发他们；还要求我们相信在很短的时间内他们可能充满的信仰比我们的更多。相反，我们可能会被他们现在与我们当初一样盲目所打击，我们必须为他们做我们希望在他们的位置上为我们做的事情，呼吁他们同情自己，至少采取一些措施，试图找到光明。让他们从浪费在其他事情上的时间中抽出几个小时来阅读它：无论他们多么不情愿去完成任务，他们都可能会偶然发现一些东西，至少不会损失太多。但对于那些怀着绝对的真诚和对找到真理的渴望去完成任务的人来说，我希望他们会如愿以偿，并被我在这里收集的神圣宗教的证据说服，能够或多或少遵循这个秩序……

429 这是我所看见的，也是我所烦恼的。我环顾四周，被黑暗包围。大自然赋予的一切都会引起我的怀疑和焦虑。如果我在那里看不到任何神迹，就会选择消极的解决办法；如果随处可见造物主的迹象，我就会在信仰中安定下来。然而，要否认的太多，要肯定的却太少，在悲惨的处境中，我无数次地许下愿望，如果真有上帝支持自然，自然就应毫不含糊地宣扬上帝，而如果自然中的神迹具有欺骗性，那就应将它们完全抹去；大自然应该说出一切或什么都不说，这样我才能看到我应该遵循的路线。相反，在悲惨的处境中，我既不清楚自己是什么，也不知道应该做什么；我既不了解自己的处境，也不知道自己的职责。为了追求真善，我全心全意地去了解它：为了永恒，没有什么代价是无法承受的。

我羡慕那些虔诚的信徒，我看到他们过着无忧无虑的生活，上天的恩赐对他们几无用处，在我看来，应该诉诸这样一种不同的说法。

430 没有人认识到人类是最优秀的生物。有些人充分认识到人类卓越的真实，就把人天生自卑的情感视为怯懦和忘恩负义；另一些人充分认识到这种自卑是多么真实，却傲慢地嘲笑人类与生俱来的伟大情感。

他们中有一些人说："抬起你的眼睛仰望上帝，看看你与之相似的上帝，他创造了你，让你崇拜他。你可以让自己像他一样：如果你想追随他，智慧会使你与他平起平坐。"爱比克泰德说："昂首挺胸吧，自由人。"另一些人说："把你的目光垂向地面吧，你这只弱小的虫子，看看你身边的野兽。"

那么人类会变成什么样呢？他会和上帝或野兽一样吗？多么可怕的距离！他会变成什么？从这一切中谁看不出人类已经迷失了方向，已经从自己的位置上跌落，他急切地寻找，却再也找不到它了？那么谁指引他通往那里呢？最伟大的那些人都失败了。

434 让我们想象有一大群人披枷戴锁，都被判了死刑，他们中每天都会有一些人在其余人面前被处决，那些活下来的人从死去同伴的身上看到了自身的处境，却只悲伤而绝望地看着彼此，等着轮到自己。这就是人类状况的生动描绘。

450 真正的宗教必须教导伟大与不幸，激发自尊与自卑、爱与恨。

470 人类最大的无耻就是对荣耀的追求，但也正是这一点最能体现出他的卓越。无论其拥有什么财富，享有多好的健康和何等的舒适，除非他得到同伴们的好评，否则他都是不满意的。他如此看重人类理性，以至于无论在地球上享有怎样的特权，如果在人类理性中没有享有优势地位，他就不会幸福。这是世界上最美好的地位，没有什么可以使他偏离这种渴望，这是人心中最不可磨灭的品质。

那些最蔑视人类并把人类视同禽兽的人，却希望得到别人的仰慕和信任，他们因自己的感情而自相矛盾。他们的天性比任何东西都强大，比理性更能说服他们相信自己的卑鄙，更能说服他们相信人类的伟大。

474 当世界的创造开始退回到过去，上帝只提供了一位当代历史学家，并责成整个民族保管这本书，这样这本书应该是世界上最真实的历史，所有人都可以从中学习到他们非常有必要了解的东西，而这些东西只有从这本书中才能了解到。

477 骄傲是一切不幸的平衡剂和解药。这是一个奇异的怪物，一种非常明显的畸变。他从自己的位置跌落到这里，在焦急地寻找它。这是所有人都做的事。让我们看看谁找到了它。

480 在所有宗教中，真诚都是必不可少的：真正的异教徒、真正的犹太人、真正的基督徒。

499 有谁比他更荣耀呢？

所有的犹太人都预言了他的到来。外邦人在他到来后敬拜他。

外邦人和犹太人都视他为中心。

然而，有哪个人享受的荣耀比这少呢？

在他三十三年的生命中，有三十年的时间没有露面。三年来他一直被当作骗子对待。祭司和官长厌弃他。与他最亲近的人看不起他,最后他死了,被一个门徒背叛,另一个门徒也拒绝承认他,他被所有人抛弃。

那么,他从这样的荣耀中得到了什么好处呢?没有人有过如此巨大的荣耀,也没有人遭受过比这更大的耻辱。这一切荣耀只对我们有用,使我们能够认出他,对他一点用也没有。

505 **权威**。道听途说远非信仰的标准,如果不是将自己放在从来没有听说过一件事情的状态,你就不应该相信任何事。

促使你相信的应该是你内心的赞同和你一贯的理性之声,而非别人的。

信仰极其重要。

一百个矛盾可能是真实的。

如果古老是信仰的准则,那么古人就没有准则。

如果一致同意,如果人类消失了……?

惩罚罪人:错误。

虚伪的谦逊、骄傲。

掀起帘幕。

你是在白费力气,一个人一定是要么相

信，要么否认，要么怀疑。

难道我们就没有标准了吗？

我们可以评判动物是否做好了一件事，难道就不会有评判人类的标准了吗？

否认、相信和怀疑之于人，犹如奔跑之于马。

510 一个人越聪明，就会发现越多具有独创性的人。普通人看不出人与人之间的区别。

511 思维正确的途径多种多样。有些人在某一类事物上的思维正确，但在其他事物上则并非如此，往往误入歧途。

有些人仅仅根据少量原理就可以推导出正确结论，这是一种正确的思维。

还有些人则从涉及众多原理的事物中得出正确的结论。

例如，有些人对水的特性掌握得很好，几乎不涉及原理，但结论却非常微妙，只有极其精准的思维才能得出这样的结论。尽管如此，这些人可能并不是伟大的数学家，因为数学包含大量的原理。一个人的头脑很可能是这样的：能轻松地对一些原理追根探底，却无法在涉及许多原理的事情上取得一点进展。

因此，便存在两种思维：一种能敏锐而深刻地从原理中得出结论，这是精准思维；另一种能掌握大量的原理并将其区别开来，这是数理思维。前一种思维强大而精确；后一种思维全面而广博。两种思维很可能无法兼得，因为思维既可以是强大而狭隘的，也可以是宽广而脆弱的。

513 **数学。直觉**。真雄辩无暇雄辩，真道德无暇言道德。换句话说，判断的道德无暇思考随机的思维道德。

判断力与本能有关，正如知识与思维有关。直觉取决于判断力，数学有赖于思维。

没有时间研究哲学的人却很可能成为真正的哲学家。

517 如果圣奥古斯丁出现在今天，并像他的现代捍卫者那样缺乏权威，他将一事无成。上帝早早地差遣他统治教会，并赋予权威。

518 **怀疑主义**。——极端智慧被指责与极端缺乏智慧一样愚蠢，只有适度才是好的。大多数人都主张这种观点，并攻击任何背离它而走向极端的人。我并不感到难为情，欣然同意置身于中庸之道，拒绝居于底端并非因为它是下端，而是因为它是极端。我同样反对居于顶端。抛弃中庸之道就是抛弃人性。

人类灵魂的伟大就在于知道如何保持中庸之道；伟大并非要脱离中庸之道，而是绝不脱离它。

526 作恶容易，恶有无数种形式，而善几乎是独一无二的。但是有一种恶与所谓的善一样难以发现，这种特别的恶常常因此被伪装成善。的确，要达到这样的恶就像达到善一样，需要伟大且非凡的灵魂。

532 **怀疑主义。**一旦有了想法，我就会把它们记录下来，虽混乱但也许并非漫无目的。这才是真正的秩序，它总是通过无序来表明我的目的。

如果问题处理得井井有条，那我就是过于重视它了，因为我正试图表明它没有能力做到这一点。

533 我们总是把柏拉图和亚里士多德描绘成穿着长长学术袍的样子，其实他们和其他人一样是正派的普通人，喜欢和朋友们一起开怀大笑，撰写《法律篇》和《政治学》纯属自娱自乐。这是他们生活中哲理最少、最不严肃的部分：简简单单的生活最富有哲理。

如果他们写政治，那就好像是为疯人院制定规章制度。

如果他们假装这是一件非常重要的事情，那是因为他们知道与之交谈的那些疯子认为自己是帝王。为了使那些疯子冷静下来，尽量减少伤害，他们迁就了这些观点。

535 有些恶习只能依附于其他恶习盘踞在我们身上，它们就像树枝，树干一倒，树枝就会随之脱落。

540 所有的好格言世界上都有了：我们只是没有使用它们。

例如，没有人对一个人应该冒着生命危险捍卫共同利益提出质疑，很多人都这样做了，并非出于宗教原因。

人与人之间必然存在不平等，这是事实：这一点一旦被承认，打开的不仅是绝对统治之门，同时打开的还有绝对暴政之门。

有必要稍微放松一下头脑，但这为最大的

暴行打开了大门。

让我们给边界下定义。事物是没有界限的。法律试图强加于人,思想却无法承受。

542 思想来得随意,去得也随意。没有办法抓住它们或拥有它们。

一个想法逃脱了:我本试图把它记录下来,可我写下的却是它逃走了。

545 "世上的一切无非就是肉体的欲望,眼睛的欲望,或是生命的傲慢。"**性欲,科学的欲望,支配的欲望**。不幸的是,这片诅咒之地被这三道火河吞噬而非浇灌!那些河边的人是幸福的,既没有被淹没,也没有被冲走,他们在河流旁一动不动,不是站着而是坐着,处于一个低而安全的位置。光明到来之前,他们不会从那里站起身来,而是在安息之后,向他伸出双手,他举起他们,使他们在圣城耶路撒冷的门廊中站稳脚跟,傲慢已无法再攻击、打倒他们。然而,他们哭泣,不是因为看到洪流冲走了所有易腐的东西,而是因为在漫长的流亡岁月中始终铭记着他们心爱的家园——天堂般的耶路撒冷。

551 想象力极尽夸张地将小的事物放大,直到它们充满我们的灵魂,又会粗暴傲慢地将那些伟大的事物缩小到想象力的大小,比如谈论上帝。

561 他们说日食预示着灾难,因为灾难十分普遍,并且因为不幸时常发生,所以关于灾难的预言往往很准确;如果说日食是好运的预兆,则往往是错的。他们只将好运归因于罕见的天体相合,因此预言很少出错。

562 世上只有两种人:自认为是罪人的义人和自认为是义人的罪人。

577 如果我们绝不能冒险,就不应该为宗教做任何事,因为它是不确定的。但我们确实冒了很多险:航海,战争。因此,我说,我们什么也不必做,因为没有什么是确定的。比起我们会不会看到明天到来,宗教有更多的确定性。

我们会不会看到明天并不确定,而且我们确实很有可能看不到明天。但我们却不能这样说宗教。宗教存在并不是确定的,但谁又敢说宗教确实可能不存在呢?

当我们为明天而工作并为不确定的事努力时,我们的行为是合理的,根据已经证明的概率法则，我们应该为不确定的事而努力。

圣奥古斯丁看到我们在为不确定的事努力，如航海、战争——但他并没有看到证明我们应该这样做的那条概率法则。蒙田看到我们被一个傻子所激怒，看到习惯可以造就一切，但他并不明白其中的原因。

所有这些人都看到了结果，但他们并没有看到原因。他们与那些发现原因的人相比，就像是只有眼睛的人之于具有头脑的人。可以说，结果可以被感官感知，原因只能被大脑感知。尽管大脑也能看到这些结果，但这种大脑与看见原因的大脑相比，就像身体的感官之于大脑。

585 优雅和美丽的特定模式存在于我们的本性（无论强弱）与使我们愉悦的事物之间的特定关系之中。

符合这种模式的任何东西都会吸引我们，诸如房子、歌曲、演讲、诗歌、散文、女人、飞鸟、河流、树木、房间、服饰等。

凡是不符合这种模式的东西，都会让有很好鉴赏力的人感到不悦。

基于良好模式产生的一首歌曲和一栋房屋之间存在着精确的关系，两者都类似于那个良好的模式，虽然各有不同；同样地，基于糟糕模式产生的事物之间也存在着精确的关系。这并不是说糟糕的模式只有一种，而是种类繁多，但每一首蹩脚的十四行诗，比如说，无论是基于哪种糟糕模式写成的，都十足像是一个按照某种特定模式打扮出来的人。

　　最能使我们理解一首糟糕的十四行诗的荒谬性的，莫过于思考它的本质和模式，然后想象据此模式打扮的一个人或建造的一栋房屋。

595　如果不知道自己充满骄傲、野心、贪欲、软弱、不幸和不义，那我们真的是瞎子。若有人明白这一切却不想被拯救，那对他还有什么好说的呢？

　　那么，对于一个如此了解人的过错的宗教，我们怎么能不尊重呢？除了承诺这种理想的治愈措施的宗教应该是真实的以外，还有什么别的愿望呢？

607　**人物**。救世主、父亲、献祭者、祭品、食物、国王、智者、立法者、受苦者、穷人，注定会产生一个他应该带领和喂养的民族,并带他们来到这片土地。

620 人显然是为思想而生。人的全部尊严和优点尽在于此;他的全部职责就是按应该思考的方式思考。思考的顺序从我们自己、我们的创造者以及我们的目标开始。

可是人们都在思考什么呢?绝不是关于思想,而是关于跳舞、吹笛子、唱歌、作诗、赌博等,以及打斗、成为国王,却没有思考过当国王或做人的意义何在。

622 **无聊**。人类发现没有什么比处于完全休息的状态更令人不堪忍受的了,没有激情、无所事事、没有消遣、无所用心。

他会感到虚无、孤单、无力、对他人的依赖、无助以及空虚。

从他的灵魂深处会立即涌出厌倦、忧郁、沮丧、懊恼、怨恨和绝望。

623 如果说活着却不去了解自己是什么是一种异常的盲目,那么信仰上帝却过着邪恶的生活就是一种可怕的盲目。

627 虚荣是如此深入人心,以至于士兵、随从、厨师、搬运工也都会吹嘘自己并想拥有崇拜者。哲学家也希望有自己的崇拜者。撰文揭露虚荣心的人想要他人夸赞自己文笔优美，读过这些文字的人想要显出自己读过。也许写这篇文章的我也想要同样的东西，将来看到这篇文字的人，也许……

631 在徒劳无益地追求真善的过程中，感到疲乏和困乏是好的，一个人因此可以向救世主伸出双臂。

632 人类对小事的敏感和对大事的麻木标志着奇怪的无序状态。

633 尽管看到种种苦难影响着我们、扼住我们的喉咙，无法抑制的本能却依然支撑着我们。

634 人生中最重要的事就是对职业的选择，而这取决于机遇。

习惯造就了泥瓦匠、士兵、盖顶工。有人说："他是位优秀的泥瓦匠。"而谈到军人的时候则说："他们是十足的傻瓜。"然而，另一些人则正好相反："没有什么比战争更伟大的了；其他人都是废物。"我们选择自己的职业，根据的是小时候听到的人们称赞或贬低的话，因为我们天生就喜爱美德而憎恶愚笨。这些话决定了一切，我们只是在实践上犯了错误。

习惯的力量如此强大，在大自然仅仅创造了人类的地方，我们创造了各种各样的人以及他们的境况。

有些地方泥瓦匠多，有些地方多出军人。毫无疑问，天性绝不会如此整齐划一。造就这一切的是习惯，因为习惯束缚了天性。但有时天性也会占据上风，不顾习惯的好坏，使人遵从自己的本能。

638　当我们健康的时候，我们不知道生病了该怎么办。真的生病时，我们会主动吃药，疾病帮我们解决了这个问题。我们不再有激情及消遣和出游的欲望，这些都与健康相伴，与疾病的急迫格格不入。自然激发出与我们当前状态相适应的激情和欲望。对自己而非对自然的恐惧将我们目前所处的状态与我们并不在其中的那种状态下的激情联系在一起，扰乱了我们。

649　蒙田。蒙田的优点不易获得。我的意思是除了道德之外，如果有人警告他，说他过分重视一些事并过多谈论自己，这些缺点可以立刻得到改正。

668 每个人都是自己的全部，因为人死了，一切对他来说就都不存在了。这就是为什么我们每个人都认为自己是所有人的全部。我们不能凭自己判断自然，而要以自然本身的标准来判断。

674 我们并非是靠自己的力量保持美德，而是靠两种恶习彼此制衡，这就像我们只有在两股方向相反的风中才能保持直立。消除其中一种恶习，我们就会陷入另一种。

685 **荣耀**。动物之间不互相欣赏。马不羡慕它的同伴。这并不是说它们不会互相竞争，但这无关紧要，因为在马厩里，较重和较笨拙的那一方不会因此把它的燕麦让给另一方，而人们是希望别人这样做的。对人类来说，美德本身就是奖赏。

688 什么是自我？

假设一个人临窗而坐，看着过往行人，而我从这里经过，我能说他站在这里是为了看我吗？不能，因为他并没有特别地注意我。然而，一个因为美貌而爱上别人的人，他爱她吗？不，因为天花可以毁掉那个人的美貌，虽不至于使她死亡，却会终结他对她的爱。

如果有人因为我的判断力或记忆力而爱我，他们爱我吗？我，自我？他不是爱我，因为我可能失去那些品质，但自我还在。如果这个自我既不在身体里也不在灵魂里，那么它在哪里呢？这些易逝的品质并非构成自我的成分，但若不是因为这些品质，一个人又如何能够爱上身体或灵魂？我们会爱上一个人的灵魂的组成物质吗，抽象地说，无论那个人的灵魂里面有什么样的品质？这是不可能的，也是错误的。因此，我们永远不可能爱一个人，爱的只是他的某些品质。

因此，让我们不要再嘲弄那些因为地位或官职而受到尊敬的人吧，因为我们之所以爱一个人，仅仅因为那些假借的品质而已。

693 从世俗角度看的最容易生活的环境在上帝看来是最难的；反之亦然。从世俗角度看，没有什么比宗教生活更难了；而从上帝的角度看，没有比这更容易的了。没有什么比在世俗中担任高官或享有巨额财富更容易的了，也没有什么比以上帝的方式生活更难了，这种方式无法激起人们的兴趣，也无乐趣可言。

696 不要让人说我没有表达新观点，准备的材料是新的。打网球时，双方运动员使用的是同一个球，但总有一方的球技技高一筹。

　　我宁愿别人说我使用了以前用过的词语。相同的思想并不会因为排列不同而形成不同的论点，就像相同的词在不同的排列下就会产生不同的思想！

697 生活无序的人认为自己是在顺应自然，却告诉正常人，说他们偏离了自然，正如船上的人认为岸上的人在动一样。世界各地的语言也都是同一个道理：我们需要一个不动点来判断它。港口是船上的人判断船只开动与否的标准，可是我们去哪里能找到道德的港口？

699 如果所有物体都在同时移动，似乎就没有任何东西在移动，这就如同在船上一样。当所有人都走向堕落，就没有人看上去是在堕落，但如果有人停下来，他就会像一个固定点一样，呈现出其他人在急速堕落的样子。

709 我们极少了解自己，许多人身体很好却以为自己要死了，而很多人快死了却认为自己很健康，根本没有感觉到就要发高烧了或即将形成脓肿。

711 **强力**。我们为什么要服从多数人的意见呢？是因为他们更合理吗？不，是因为他们更强而有力。

我们为什么要遵循古老的法律和意见呢？是因为它们是最健全的吗？不，是因为它们是独一无二的，并且在它们面前，我们之间不会产生分歧。

712 一天，有个人跟我说，他去告白时充满了喜悦和自信。可别人告诉我他仍然很害怕。我的反应是，把这两者结合起来可以造就一个好人，因为他们缺乏的正是对方拥有的某些情感。同样的事情在其他关系中也经常发生。

739 如今，真理如此模糊，谎言又是如此深入人心，如果我们不热爱真理，就将永远无法认出它。

740 那些知道真相的人是懦弱的，他们只在符合自身利益的情况下才会维护它，否则就会抛弃它。

741 算术计算机产生的效果比动物所做的任何事情

都更接近于思想，但这并不能证明它有像动物一样的意志。

742　即使人们所说的话不会影响到他们的利益，也不能断定他们没有撒谎，因为有些人只是为了撒谎而撒谎。

743　当一个人确信自己不会死的时候，登上一艘被风暴袭击的船则是一种乐趣。对教会的迫害就是这样的。

744　当我们不了解事情的真相时，人们的头脑可以纠正一些常见的错误，例如，把季节更替、疾病的进展等归因于月亮，这是一件好事。因为人类的主要痼疾是对不了解的事物有躁动不安的好奇，对他来说，这种徒劳的好奇是错的，但并没有那么糟糕。

746　事实上，无论是约瑟夫斯[1]、塔西佗[2]还是其他

---

1. 弗拉维奥·约瑟夫斯（Flavius Josephus，公元37—100年），犹太历史学家，成长于由罗马帝国统管的耶路撒冷，出身于祭司家庭，曾受良好的教育。十九岁时成为法利赛党员，是排斥基督教的犹太人。
2. 普布利乌斯·塔西佗（Publius Tacitus，约公元56—120年），罗马帝国时代著名的历史学家、文学家和演说家，古代杰出的历史学家之一。他用拉丁语写了尼禄皇帝迫害早期基督徒事件，对基督徒持贬斥态度。

历史学家都没有提到耶稣基督。

这非但不是对他不利，反而对他有利。因为耶稣基督确实存在，他的宗教引起了极大的轰动，他们明显只是故意隐瞒它，或者他们谈论过这件事，但这件事被压制或改变了。

749 没有人不把自己凌驾于世界之上，没有人不为自己的利益着想，没有人不希望比世界上其他地方的人更持续地幸福和生存下去，这种判断是多么扭曲啊！

750 克伦威尔[1]即将毁灭整个基督教世界，皇室已不复存在，如果不是因为他的膀胱进了一粒沙子，他自己会永远掌权。就连罗马也将要在他脚下颤抖了。但是有了这一小块砾石，他死了，他的家族蒙羞，进入和平年代，国王复辟王位。

751 习惯于凭感觉做出判断的人对涉及推理的事物一无所知。因为他们想一眼就能看出事情的本质，不习惯追求原理。反之，习惯于根据原理

---

[1] 奥利弗·克伦威尔（Oliver Cromwell, 1599—1658年），英吉利共和国首位护国主，英国政治家、军事家、宗教领袖，是一位虔诚的清教徒。

进行推理的人，却对涉及感情的事物没有认识，因为他们寻求原理，却没有一眼看透本质的能力。

752 两种人使一切平等，比如在节假日和工作日，基督徒和牧师，他们之间所有的罪都交织在一起。一些人由此得出结论，对牧师不利的事对基督徒也不利；而另一些人则得出结论，对基督徒无害的事对牧师来说是可允许的。

753 当奥古斯都得知希律杀害的两岁以下的孩子中有自己的儿子时，他说做希律的猪也比做他的儿子好（马克罗比乌斯：《萨图尔纳利亚》，第二版，第四章）。

754 第一等级：因做得不好而受到指责或因做得好而受到表扬。

第二等级：既不被表扬也不被指责。

755 他创造了一个虚妄的神。

厌恶。

756 **思想**。人的一切尊严就在于思想，然而，这种思想又是什么呢？这是何等愚蠢啊！

思想就其本质而言是令人钦佩的和无与伦比的。它一定有着出奇的缺点才值得被人轻视。但它确实有这样的缺点，再没有比这更荒唐可笑的了。思想的本性是多么伟大，它的缺点又是多么卑贱啊！

757 **流失**。感觉到自己所有的东西都流失了是一件可怕的事情。

758 **光。黑暗**。如果没有明显的真理的迹象，就会有太多的黑暗。一个令人钦佩的迹象是它始终居于一个可见的教会和它的会众之中。如果教会中只有一种意见，那就太亮了。始终存在的才是真的，因为真的一直都在那里，但没有哪个虚假的会一直都在。

759 人因思想而伟大。

764 对基督徒的生活来说，主要的消遣形式都是危险的，但在世人发明的所有消遣形式中，没有一种比戏剧更可怕。它表现的感情是那么自然、细致，进而在我们的心中唤起激情、产生激情，特别是爱情，尤其是当它被表现得非常纯洁、真挚的时候。由于它使天真的灵魂更显天真，就更能打动人心；它的激情感染了我们的自尊，并由此产生了产生同样效果的愿望，我们看到效果非常好。同时，我们根据在戏里所看到的那种真挚的情感来塑造自己的良知，于是就消除了对纯洁灵魂的担忧。纯洁的灵魂以为，用一种在他们看来十分谨慎的爱情去恋爱，就不会冒犯纯洁。

所以，当我们走出剧院时，心中便充满了爱情的美好与甜蜜，心灵为剧中的天真所倾倒，我们已经准备好接受对它的那些第一印象，或者更确切地说，寻找在别人心中唤起这种印象的机会。这样我们就可以享受到和我们在戏剧中所见的、表现得如此美好的、同样的快乐和牺牲。

765 如果闪电击中低洼地区等等，那么诗人和只会争论这种事情的人就没有证据了。

767 公爵、国王和地方官的等级是真实的和必要的（因为权力支配一切），他们无时无处不在，但是，由于任命这个人或那个人只是一时心血来潮、没有一致性，因此很容易发生变化，等等。

768 理性的命令比任何主人的命令都重要得多，因为如果不服从后者，我们会很不幸；但如果不服从前者，我们就很愚蠢。

773 吸引我们的只有比赛，而不是胜利。

我们喜欢看动物打架，但并不喜欢看胜利者向失败者发起进攻。除了最后的胜利，我们还想看到什么？只要看到最后的胜利，我们就满足了。游戏和追求真理亦如此。我们喜欢在辩论中看到意见的冲突，但是一旦找到了真理，我们还想思考吗？绝不会。要享受它，我们就必须看到它来自辩论。激情也是如此。看到两个对立事物的碰撞是一种乐趣，但是当一个人声称自己掌握了它时，就变成了纯粹的暴行。

我们从不追求事物本身，而是追求事物。因此，在戏剧场景中，无忧无虑的幸福和极端无望的悲惨、残酷的爱情情节或残忍的虐待一样，都没有好处。

802 时间能够治愈伤痛、弥平争执，因为我们会改变。我们已经不是原来的那个样子了，冒犯者和被冒犯者也都发生了变化。这就好像我们触犯了一个民族，但两代人之后再回来看，他们仍然是那个民族的人，但已经不是原来的那些人了。

803 如果我们每晚都梦到同样的东西,它会像我们每天看见的物体一样影响我们。如果一个工匠每天晚上都有十二个小时梦见自己是国王,我相信他几乎会和一个每晚能有十二个小时梦见自己是工匠的国王一样快乐。

倘若我们每晚都梦见自己被敌人追赶,被这些令人痛苦的幻影所困扰,每天都在做不同的事,就像一个人在旅途中所做的那样,我们很可能会相信我们遭受的痛苦几乎与在现实中遭受的一样多,并因此不敢睡觉,就像我们害怕醒来时真的会遭遇不幸一样。的确,这会造成几乎跟现实一样多的痛苦。

然而,因为梦都是不同的,每一个梦的内容也不尽相同,我们在梦中看到的东西对我们的影响比我们清醒时看到的要小得多,这是由于连续性不同。然而,醒着的时候,梦也没有连续和平缓到完全不会发生变化的程度,只是变化得不那么突然而已。除极少数情况,例如当我们旅行时,我们会说:"这好像是一场梦。"人生就是一场梦,只是少了几分多变。

804 我们是否可以说人类承认原罪是因为他们说世

间已无正义？**若非死亡，无人可得幸福。**这是否意味着他们知道永恒和绝对的幸福始于死亡？

805 了解了每个人最大的爱好，我们肯定能取悦他，然而每个人在他的善的观念中都有与自己的善背道而驰的幻想，这种奇怪的现象令人不安。

806 我们并不满足于我们的生活和我们的存在，我们要过上别人眼中想象的我们的生活，为此尽力表现自己。我们不断地努力装扮并保持这种想象之中的存在，而忽略了真实的存在。如果我们冷静、慷慨或忠诚，就会急于让别人知道这一点，以便把这些美德与我们的另一个存在联系起来。我们宁愿这些美德从我们的真实自我中分离出来，以便与我们的另一个存在结合起来。为了博得勇敢的名声，我们不惜当懦夫。我们自身存在之虚妄的一大标志，就是不满足于只有这一个而没有另一个，并往往要以这一个去换取另一个！任何不肯为维护自己的荣誉而死的人都会身败名裂。

808 信仰有三种来源：理性、习惯和启示。只有基督教才具备理性,它不承认那些在没有启示的情况下去信仰的人是自己真正的孩子。这并不是说它排斥理性和习惯;反之,思想必须向证据敞开,必须由习惯证实自己,并且以谦卑的姿态将自己交付于启示,因为只有启示才能产生真实而有益的效果。**免得基督的十字架失去了效力。**

812 福音书的风格在很多方面都很显著,其中包括从未对刽子手和基督的那些敌人进行任何谩骂。这在排斥犹大、彼拉多或犹太人的历史学家们中,是没有的。

如果他们展现出福音传道者的克制,以及许多其他如此优秀品格的特征,如果他们这样做只是为了引人注意而装腔作势,自己却不敢评论,他们就不会找不到朋友为他们的利益发表言论。但是,既然他们的行为既不矫揉造作,又很无私,就不会引起任何人的议论。我相信其中很多事此前从未被评论过。这表明了这件事完成得有多棒。

813 当我们出于良心作恶时,从未做得如此充分和愉快。

814 我们扭曲我们的感情就像扭曲我们的思想一样。

我们的思想和感情受到与我们交往的伙伴的训练,也被他们扭曲。好的同伴与糟糕的同伴分别训练或扭曲我们的思想和感情。因此,能够做出正确的选择是非常重要的,这样我们才能得到训练而不是被扭曲。然而,只有当我们接受的是训练而非扭曲时,才能做出正确的选择。这是一个恶性循环,任何逃脱的人都是幸运的。

815 普通人有能力不去想他们不想去想的事情。"不要想那些关于弥赛亚的经文。"犹太人对他的儿子说。我们自己的人民也常常这样做,假宗教就是这样被保存下来的,在很多人看来,甚至真宗教也是如此。

但也有一些人没有能力停止思考,正因他们被禁止思考,所以反而思考得更多。这些人如果找不到可靠的论据,就摆脱假宗教,甚至真宗教。

816 他们说:"如果我有信仰,我很快就会放弃享乐的生活。"但我告诉你:"如果你放弃享乐的生活，你很快就会有信仰。由你决定。如果我能给你信仰，我会的。但我不能，也不能检验你说的是不是真的，但你放弃享乐很容易，也可以检验我说的是否属实。"

817　无可否认，必须承认基督教有一些惊人之处。他们会说："那是因为你身在其中。"远非如此。正是因为这个原因，我才坚决反对它，生怕被偏见腐蚀。但是，尽管我身在其中，我还是忍不住感到惊讶。

937　当激情引导我们去做某事的时候，我们就会忘记自己的职责。比如，我们喜欢一本书，就会在本该做其他事情的时候阅读它。为了提醒自己不忘记职责，我们只需要给自己安排并不喜欢的任务，然后我们就借口还有其他事情要做，由此便牢记了自己的职责。

938　在福音书中，以身体生病比喻灵魂生病的状态。但是，因为一个身体不足以表达所有疾病的状态，所以必须有不止一个身体出现。这样，我们就看见那聋子、哑巴、瞎子、瘫子、死了的拉撒路、被鬼附身的人。所有这些加在一起就是病态的灵魂。

939 "仆人不知道主人做什么",因为主人只告诉他该做什么,而不告诉他做此事的目的。这就是为什么他盲目地服从并经常违背目的。但耶稣基督告诉了我们目的。

你破坏了这个目的。

940 耶稣不想在没有正义的形式下被杀,因为死于正义之手比死于不义的起义更可耻。

图书在版编目（CIP）数据

人类幸福 /（法）帕斯卡尔著；摆贵勤译. — 北京：商务印书馆，2023
（伟大的思想. 第一辑）
ISBN 978－7－100－22297－6

Ⅰ. ①人⋯　Ⅱ. ①帕⋯ ②摆⋯　Ⅲ. ①帕斯卡尔 (Pascal, Blaise 1623-1662) — 哲学思想　Ⅳ. ①B565.23

中国国家版本馆 CIP 数据核字（2023）第061954号

权利保留，侵权必究。

伟大的思想　第一辑

人 类 幸 福

〔法〕帕斯卡尔　著

摆贵勤　译

商 务 印 书 馆 出 版
（北京王府井大街36号　邮政编码100710）
商 务 印 书 馆 发 行
山 东 临 沂 新 华 印 刷 物 流
集 团 有 限 责 任 公 司 印 刷
ISBN 978－7－100－22297－6

2023年9月第1版	开本 787×1092　1/32
2023年9月第1次印刷	印张 46¾

定价：260.00元（全十册）